Harald Scheerer

Reden müßte man können

- Selbstbewußt auftreten
- Persönlichkeit einsetzen
- Zuhörer begeistern

GABAL

Die Deutsche Bibliothek - CIP-Einheitsaufnahme

Scheerer, Harald:
Reden müßte man können:
Selbstbewußt auftreten, Persönlichkeit einsetzen,
Zuhörer begeistern / Harald Scheerer.
- 4. Aufl. - Offenbach: GABAL, 1995
ISBN 3-923984-38-3

1. Auflage	1. - 3. Tausend	Januar 1993
2. Auflage	4. - 6. Tausend	Juli 1993
3. Auflage	7. - 10. Tausend	September 1994
4. Auflage	11. - 14 Tausend	Oktober 1995

Dieses Buch entstand im Medienverbund mit der
WDR-Fernsehreihe "Reden müßte man können".

Regie: Götz F. Weber
Redaktion: Dieter Stobbe
Titelbild u. Illustrationen: K.-H. Schrörs, 50672 Köln
Cover: Axel Gross, Bremen
Satz und Layout: Susanne Meyer, Berlin
Ddax Drucksachen & Medien GmbH, Ludwigshafen
Lektorat: Dorit Scheerer, 75391 Gechingen
Druck: rgg Druck- und Verlagshaus, Braunschweig
Herausgeber: Prof. Dr. Hardy Wagner

Verlagsinformationen:
Jünger Service, Schumannstr. 161, 63069 Offenbach
Tel.: 069 / 84 00 03 - 22 (-0) Fax: 069 / 84 00 03 - 33

Harald Scheerer

Reden müßte man können

Selbstbewußt auftreten,
Persönlichkeit einsetzen,
Zuhörer begeistern

Herausgeber: Prof. Dr. Hardy Wagner

Inhalt

Vorwort des Herausgebers

Die GABAL-Bücher zeichnen sich aus durch Offenheit für neue Wege sowie durch Aktualität und Vielseitigkeit. Deshalb haben wir gern die Anregung des Autors aufgegriffen, als offizielles Begleitbuch zu der Sendereihe im WDR *Reden müßte man können* einen gleichnamigen GABAL-Band zu veröffentlichen. Das Buch ist sowohl als Ergänzung zur Fernsehsendung als auch als völlig eigenständige Rhetorik-Einführung konzipiert! Wir freuen uns, daß aufgrund der großen Nachfrage inzwischen die 4. Auflage dieses praxisorientierten Ratgeber-Buches notwendig wurde.

Aufgrund seiner komprimierten Darstellung wendet sich das Buch an die, die eine schnelle, einfache und verständliche sowie zugleich fachkompetente und wertvolle Einführung in die "Kunst des Sprechens" erwarten. Der Autor geleitet den Leser Schritt für Schritt zu präziser und überzeugender Ausdrucksweise: Gefühle ausdrücken, die Stimme trainieren, Pausen beachten sowie - nicht zuletzt - den Zuhörer im Mittelpunkt sehen und - vor allem - Persönlichkeit zeigen!

Harald Scheerer ist seit Jahren als Experte auf diesem Spezialgebiet ausgewiesen. Als "gelernter Schauspieler" und Professor für Absatzwirtschaft, Rhetorik und Führungsverhalten bietet er ideale Voraussetzungen für eine Einführung in dieses Metier, was nicht zuletzt zahlreiche Veröffentlichungen und über 600 von ihm geleitete Seminare zeigen.

Dieser 4. Auflage wünschen wir weiterhin einen weit über die Zuschauer der Fernsehsendung hinausgehenden Leserkreis.

Speyer, im Herbst 1995 Prof. Dr. Hardy Wagner

Weil Sprechen und Reden das am meisten eingesetzte Kommunikationsmittel ist.
Weil Sprechen das wichtigste Instrument ist, um uns anderen verständlich zu machen.

Sprechen hat immer einen Grund

Wenn Sie den Mund aufmachen, um etwas zu sagen, dann wollen Sie etwas, sonst würden Sie nicht sprechen.
Von wem wollen Sie etwas? Von dem oder denen, zu dem oder denen Sie sprechen - also von anderen Menschen.
Das, was Sie sagen, ist also immer für andere bestimmt - außer wenn Sie Selbstgespräche führen.

Wenn Sie nun erreichen wollen, was Sie durch Ihr Sprechen beabsichtigen, dann müssen Sie verstanden werden.
Nun werden Sie vielleicht sagen: „Wenn ich deutsch rede und die, mit denen oder zu denen ich spreche, verstehen auch deutsch, dann werde ich verstanden!"

Nicht immer wird zugehört

Da habe ich meine Zweifel. Es gibt nämlich so vieles, an das man denken kann, wenn andere sprechen.
Viel Schönes und auch viel Unangenehmes.
Und so interessant ist das auch meistens nicht, was andere sagen. Und schon hört man nicht mehr zu und denkt an etwas, was einen in diesem Moment mehr beschäftigt.

Wichtiger ist: wie - als was - Sie sprechen

Um diesen Mangel an Zuhörbereitschaft nicht aufkommen zu lassen, ist es wichtig, **wie** Sie sprechen und nicht so sehr, **was** Sie sagen. Es kommt also darauf an, daß es Ihren Hörern oder Gesprächspartnern leicht fällt, Ihnen zuzuhören und sie das gerne tun.

Wenn Ihnen gerne zugehört wird, dann besteht die Chance, daß das, was Sie sagen, auch wirkt. Diese Feststellung führt folgerichtig zum Titel dieses Buches:

„Reden müßte man können"

Verhaltensvorschläge

Es enthält Verhaltensvorschläge für alle, die mit anderen oder zu anderen Menschen sprechen müssen und Wert darauf legen, daß man ihnen zuhört, wenn sie sprechen.

Der wichtigste Grund

Der wichtigste Grund, dieses Buch zu schreiben, war folgender:
Es ist das Begleitbuch zu einer gleichnamigen Fernsehsendung mit mir als Autor und Präsentator.

Warum ich dieses Buch geschrieben habe

Zuhören ist schwer

Am Anfang eine lustige Geschichte, die viele von Ihnen vielleicht kennen:

Beispiel

Der Oberst sagt zum Adjutanten:
„Morgen früh um neun ist eine Sonnenfinsternis. Etwas, was nicht alle Tage passiert. Die Männer sollen im Drillich auf dem Kasernenhof stehen und sich das seltene Schauspiel ansehen. Ich werde es ihnen erklären. Wenn es regnet, werden wir nichts sehen. Dann sollen sie in die Sporthalle gehen."

Der Adjutant zum Hauptmann:
„Befehl vom Oberst: Morgen früh um neun ist eine Sonnenfinsternis. Wenn es regnet, kann man sie vom Kasernenhof nicht sehen, dann findet sie im Drillich in der Sporthalle statt. Etwas, was nicht alle Tage passiert. Der Oberst wird erklären, warum das Schauspiel selten ist."

Der Hauptmann zum Leutnant:
„Schauspiel vom Oberst: Morgen früh um neun Uhr Einweihung der Sonnenfinsternis in der Sporthalle. Der Oberst wird erklären, warum es regnet. Sehr, sehr selten so was!"

Der Leutnant zum Feldwebel:
„Seltener Schauspielbefehl: Morgen neun Uhr wird der Oberst im Drillich die Sonne verfinstern, wie es alle Tage passiert in der Sporthalle, wenn ein schöner Tag ist. Wenn`s regnet: Kasernenhof!"

Der Feldwebel zum Unteroffizier:
„Morgen um neun Verfinsterung des Obersten im Drillich wegen der Sonne. Wenn es in der Sporthalle regnet, was nicht alle Tage passiert, antreten auf dem Kasernenhof. Äh - sollen Schauspieler dabei sein, soll`n sich selten machen."

Gespräch unter den Soldaten:
„Haste schon gehört, wenn`s morgen regnet?" „Tja, ich weiß - der Oberst will unseren Drillich verfinstern. Das dollste Ding: Wenn die Sonne keinen Hof hat, will er ihr

einen machen. Schauspieler sollen Selters bekommen, typisch. Dann will er erklären, warum er die Kaserne aus rein sportlichen Gründen nicht mehr sehen kann. Schade, daß das nicht alle Tage passiert!"

Was können wir aus dieser Geschichte lernen?:

Wer ist schuld? Zuhörer oder Sprecher?

Wie schwer es ist, eine Nachricht so zu übermitteln, daß der Hörer in der Lage ist, sie korrekt weiterzugeben, sie also verstanden hat.

Zum Menschen sprechen, nicht zur Sache

Wenn Menschen miteinander in Verbindung treten, z.B. bei einem Vortrag, bei einer Stellungnahme, bei einem Diskussionsbeitrag usw., dann spielt sich dieser Vorgang immer auf zwei Ebenen ab:

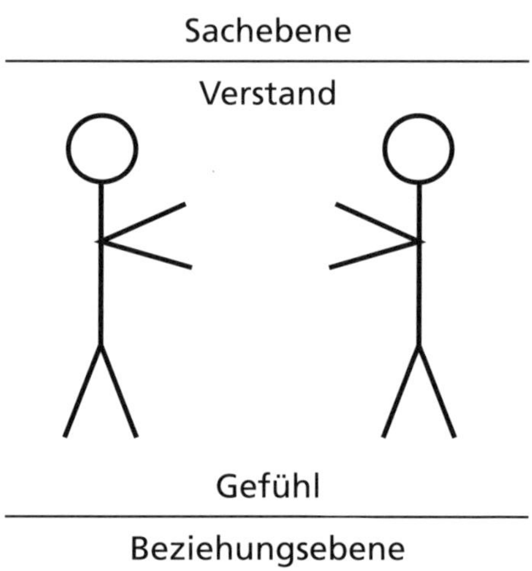

Einmal auf der Sachebene, zu der man abgekürzt und vereinfacht auch „Verstand" oder Verstandesebene sagen könnte, zum anderen auf der Beziehungsebene, zu der man abgekürzt und vereinfacht auch „Gefühl" oder Gefühlsebene sagen könnte.

1. Laß' Gefühle sprechen

Jetzt zwei Fragen:
Können Sie sich vorstellen, daß eine der beiden Ebenen - Sachebene oder Beziehungsebene - wenn Sie zu anderen Menschen sprechen, wichtiger, stärker, durchschlagskräftiger sein könnte als die andere?
Und wenn ja, welche von beiden Ebenen ist es?
Einige von Ihnen werden sagen: die „Sachebene".
Andere werden sagen: die „Beziehungsebene".
Und wieder andere könnten sagen: Es kommt darauf an, zu wem man spricht und worüber man spricht, je nachdem entweder die „Sachebene" oder die „Beziehungsebene".

Darf ich Ihnen folgende Antwort auf meine Fragen vorschlagen:
Sie kommen auf der Sachebene immer dann besser zurecht, wenn die Beziehungsebene zwischen Ihren Zuhörern und Ihnen positiv ist.

Beziehungsebene ist wichtig

Auf der Sachebene läuft ja das ab, was Sie von Ihren Zuhörern wollen.
Zum Beispiel:
- Entgegennehmen und Behalten einer Information.
- Etwas annehmen oder ablehnen.
- Etwas kaufen oder nicht kaufen.
- Usw.

Wenn nun die Beziehungsebene positiv ist, wenn Ihre Zuhörer Sie also sympathisch finden, Sie achten, Sie mögen, Sie für kompetent halten, dann werden sie Ihnen viel eher das abnehmen, das tun, das behalten, so, wie Sie es wollen, so, wie Sie es den Zuhörern sagen bzw. vorschlagen.

Umgekehrt: Wenn Sie Ihren Zuhörern unsympathisch sind, wenn man Sie nicht mag, wenn man Sie für nicht kompetent hält, wenn man Sie nicht achtet, wenn also die Beziehungsebene negativ gefärbt ist, dann werden Sie es viel schwerer haben, auf der Sachebene das zu erreichen, was Sie von Ihren Zuhörern wollen.

Vereinfacht ausgedrückt, heißt das:
So, wie Sie persönlich von Ihren Partnern eingeschätzt und empfunden werden, so wird auch das eingeschätzt, entge-

gengenommen und empfunden, was Sie sagen. Mag man Sie, dann mag man meistens auch das, was Sie sagen. Mag man Sie nicht, wird das, was Sie sagen, meistens abgelehnt. Mit noch anderen Worten:

Der Sender ist die Botschaft

„Der Sender ist die Botschaft."

Sprechen braucht Zuhörer

Vor dem Sprechen denken

Viele Leute behaupten, es wäre wichtig, vor dem Sprechen zu denken.
Was halten Sie davon?
Nichts? Oder doch?

Ich glaube, wir können uns darauf einigen, daß es in sehr vielen Fällen nützlich ist, vor dem Sprechen zu denken.

Sie haben gesprochen, und alle Ihre Zuhörer stehen auf und gehen nach Hause. Ist es das, was Sie wollen? Nein, wahrscheinlich nicht. Was wollen Sie dann? Sie wollen eine Reaktion, ein „feed back", wie man auf Neudeutsch sagt. Die Zuhörer sollen reagieren. Was müssen sie also tun, um überhaupt reagieren zu können? Sie müssen **zuhören**.
Genügt das aber? Ist das alles, was Sie wollen?
Nein. Da muß noch mehr passieren: Die Zuhörer sollen Sie **verstehen**.

Das genügt aber auch noch nicht. Sie wollen noch mehr, wenn Sie sprechen:
Die Zuhörer sollen sich nach dem **richten**, was Sie sagen. Sie sollen das tun, was Sie ihnen vorschlagen, z.B. die Informationen speichern, die Sie ihnen geben usw. usw.

Wenn Ihre Gesprächspartner oder Zuhörer sich also nach dem richten sollen, was Sie ihnen sagen, müssen sie Sie verstehen und um verstehen zu können, müssen sie Ihnen zuhören.

Mit anderen Worten:

Die Hauptaufgabe jedes Sprechers ist, seine Zuhörer zum Zuhören zu bringen!
Sie müssen also so sprechen, daß man Ihnen gerne zuhört; denn dann hört man Ihnen vielleicht zu.
Das ist nicht immer einfach.

Sprecher ist verantwortlich für's Zuhören

Bitte lesen Sie sich folgenden Absatz aus dem Buch „Orator" des Cicero leise vor:

Beispiel

„Du fragst also - und das schon recht häufig -, welchem Redestil ich wohl am meisten Beifall schenke, welcher Art meiner Meinung nach der Stil ist, dem nichts mehr hinzugefügt werden kann, welchen ich also für den höchsten und vollkommensten erkläre. Dabei hege ich nun allerdings die Befürchtung, ich könnte, wenn ich deinem Wunsche willfahre und den von dir gesuchten Redner darstelle, den Eifer vieler lähmen, die in ihrer Hoffnungslosigkeit entmutigt, etwas gar nicht mehr erst versuchen wollen, das erreichen zu können, sie sich nicht zutrauen. Doch ist es billig, daß alle diejenigen, alle Versuche unternehmen, welche große und erstrebenswerte Ziele anstreben. Wen aber vielleicht seine Veranlagung im Stich läßt oder jene Kraft einer außerordentlichen Begabung oder aber, wer nur weniger gut geschult ist in diesen hohen Fertigkeiten, der behalte dennoch seinen Kurs bei, so gut er es vermag! Wer den ersten Rang erstrebt, der darf in Ehren auch beim zweiten oder dritten innehalten!"

Haben **Sie** zugehört? Haben Sie das verstanden, was Sie sich vorgelesen haben?
Nein, ich glaube nicht. Bitte versuchen Sie, sich an den Inhalt des Abschnitts, den zu lesen nur eine Minute dauerte, zu erinnern.
Wahrscheinlich können Sie sich nicht erinnern.
Und das aus mehreren Gründen:
Zunächst ist der Sinn des Textes sehr schwer verständlich.
Außerdem wurde er schwer verständlich formuliert.
Es liegt also nicht an Ihnen als Zuhörer, sondern es liegt am Text selbst und am Sprecher.

Störungen der Zuhörbereitschaft

An der Nahtstelle zwischen Sprecher und Hörer sind Störungen eingebaut.

Denken

↓

Sprechen

↓

Störungen der Zuhörbereitschaft

↓

Zuhören

↓

Verstehen

↓

Danach richten

Störungen, die es eventuell verhindern, daß die Zuhörer zuhören, daß sie verstehen, daß sie sich nach dem richten, was der Sprecher sagt. Es sind Störungen, die die Zuhörbereitschaft ganz erheblich herabsetzen. Diese Störungen gibt es überall, wo gesprochen und zugehört wird bzw. zugehört werden soll. Diese Störungen werden vom **Sprecher** verursacht.

Ziel dieses Buches ist es nun, Ihnen diese Störungen aufzuzeigen. Denn nur, wenn Sie diese erkennen, können Sie sie in Zukunft vermeiden.

Es gibt vier Störungen der Zuhörbereitschaft:

1. Der Inhalt des Gesprochenen ist uninteressant.
2. Das Sprechen klingt unangenehm.
3. Das Aussehen des Sprechers stört.
4. Der Sprecher ist schwer zu verstehen.

Was ist eigentlich „Sprechen"?

Was ist „Sprechen"?

Das, was wir „Sprechen" nennen, setzt sich aus drei Teilbereichen zusammen:

1. Teilbereich: Die **Stimme**, also der Klang, den wir brauchen, um überhaupt wahrgenommen zu werden.
2. Teilbereich: Die **Sprache**, also das, was wir sagen.
3. Teilbereich: **Die Persönlichkeit**, also der, der spricht.

Erst das Zusammenwirken aller drei Teilbereiche ergibt das, was wir als „Sprechen" bezeichnen.

Störungen der Zuhörbereitschaft können nun in allen drei Teilbereichen auftreten:
Sowohl bei der Stimme wie auch bei der Sprache und auch bei der Persönlichkeit.

Damit wollen wir uns in den folgenden Kapiteln beschäftigen.

2. Die Stimme trainieren

Die Stimme muß stimmen

In diesem Kapitel wollen wir uns mit den möglichen Störungen der Zuhörbereitschaft im ersten Teilbereich des Sprechens, dem Teilbereich **„Stimme"** beschäftigen.

Der Ton, also der Klang, den wir erzeugen, wenn wir sprechen, entsteht so:

Wie entsteht die Stimme?

Beim Ausatmen strömt die Atemluft zwischen zwei mehr (bei Frauen) oder weniger (bei Männern) gespannten Muskelrändern durch, die Stimmbänder oder Stimmlippen genannt werden.
Dadurch - durch dieses Durchströmen - geraten die Stimmbänder in Schwingungen und erzeugen Töne. Diese Töne benutzen wir dann, um uns hörbar zu machen, um also gehört zu werden.
Wenn Sie die Töne dort zum Klingen bringen würden, wo sie entstehen, auf den Stimmbändern nämlich, dann würde das zunächst ganz heiser klingen, ganz „kehlig", und nach einigen Minuten wären die Stimmbänder so gereizt, daß Sie wirklich heiser wären.

Gott sei Dank haben wir von der Natur die Fähigkeit mitbekommen, den Ton in dem Augenblick, in dem er entsteht, von den Stimmbändern loszulösen. Der Ton wird dann durch die Atemluft beim Ausatmen nach oben getragen, damit er sich dort entfalten kann, wo die notwendigen Resonanzräume vorhanden sind, nämlich im Kopf.
Entgegen einem weit verbreiteten Vorurteil ist der menschliche Kopf ziemlich hohl.
Nasenhöhle, Mundhöhle und Rachenhöhle sorgen dafür, daß der Ton hier die richtige Resonanz findet, sich also entfalten kann. Normalerweise genügt für uns alle die Mundhöhle zur Resonanzbildung. Nur diejenigen, die von ihrer Stimme leben müssen, also Sänger, Schauspieler, Politiker - wenn sie einen guten Rhetoriktrainer haben - benutzen zur Resonanzbildung neben der Mundhöhle auch noch die Nasenhöhle.

Stimme klingt so besser

Dadurch wird der Ton voller, angenehmer, raumfüllender. Und - was für manche sehr wichtig sein kann - die Gefahr, heiser zu werden, wird kleiner.

Woran liegt das?
Wodurch kommt diese wohltuende Wirkung?
Sie entsteht durch die richtige Einstellung des Gaumensegels. Das Gaumensegel ist der hintere Teil des Gaumens. An ihm hängt das Zäpfchen.
Dieses Gaumensegel muß so eingestellt sein, daß der Ton, von der Atemluft getragen, sowohl in die Mund- als auch in die Nasenhöhle eindringen kann. Dann dienen beide Höhlen als Resonanzböden. Dadurch klingt die Stimme einfach besser und die Möglichkeit, heiser zu werden, wird kleiner.

Keine Heiserkeit

Heiser werden ja viele Menschen, wenn sie lange und/oder laut sprechen müssen.

Ich weiß natürlich, daß sehr viele von Ihnen nicht so viel und so laut sprechen müssen, so daß Sie nicht unbedingt die Nasenhöhle mit zur Resonanzbildung einsetzen müssen. Aber ich möchte Ihnen trotzdem zeigen, wie Sie einen besseren Stimmklang erreichen können. Ich möchte Ihnen dadurch auch zeigen, daß die menschliche Stimme ein Instrument ist, auf dem Sie spielen können.

Die von mir erwähnte richtige Einstellung des Gaumensegels wird durch einige einfache Übungen erreicht. Dies sind alles Übungen mit den klingenden Konsonanten, den klingenden Mitlauten m und n.
Es gibt auch Mitlaute, die nicht klingen, z. B.: p - t.

Stimmübungen

Die Grundübung, auf der alle anderen Übungen aufbauen, ist das summende Ausatmen auf m und n.
Bitte stellen Sie sich ganz locker hin, atmen Sie ganz locker ein, und atmen Sie auf „m" summend aus.

Hierzu gibt es auch eine Erfolgskontrolle:
Wenn der Ton schön rund und voll - sowohl in der Mund- wie auch in der Nasenhöhle - angekommen ist, dann fängt im allgemeinen die Oberlippe etwas zu vibrieren und zu kitzeln an.

Bitte kontrollieren Sie das doch mal:
Ganz locker stehen oder sitzen, ganz locker einatmen und auf „m“ summend ausatmen.
Was macht Ihre Oberlippe?

Und nun das gleiche auf „n“.
Bitte ganz locker stehen oder sitzen, ganz locker einatmen und auf „n“ summend ausatmen.
Auch beim „n“ gibt es eine Erfolgskontrolle:
Wenn der Ton am richtig eingestellten Gaumensegel vorbei in die Mund- und auch in die Nasenhöhle eingedrungen ist, fängt im allgemeinen die Zungenspitze an zu vibrieren und zu kitzeln.
Versuchen wir`s noch einmal:
Ganz locker einatmen, ganz locker stehen und auf „n“ summend ausatmen.
Was macht die Zungenspitze? Hat sie gekitzelt?

Und nun kommt der Clou des Ganzen:
Jetzt benutzen wir diese „m“ und „n“, um auch die Selbstlaute, die Vokale sowie die Umlaute und die Doppellaute am richtig eingestellten Gaumensegel vorbei in Mund- und Nasenhöhle zu bringen.
Wir setzen zunächst das „m“ und danach das „n“ vor den Vokal und hinter den Vokal und ziehen und schieben diesen Vokal am dadurch richtig eingestellten Gaumensegel vorbei in die Mund- und in die Nasenhöhle.
Dabei das „m“ weit überbetonen:
mmmimm, mmmemm, mmmamm, mmmomm, mmmumm, mmmämm, mmmömm, mmmümm, mmmeimm, mmmeumm, mmmaumm.
So lange wiederholen, bis das Gefühl entstanden ist, daß der Hals weitgehend entlastet ist und die Tonbildung resonanzreich „oben“ erfolgt.

Jetzt das „n“ als Lokomotive benutzen, um die Selbstlaute, Doppellaute und Umlaute nach oben zu bringen. Dabei das „n“ weit überbetonen:
nnninn, nnnenn, nnnann, nnnonn, nnnunn, nnnänn, nnnönn, nnnünn, nnneinn, nnneunn, nnnaunn.
So lange wiederholen, bis das Gefühl entstanden ist, daß der Hals weitgehend entlastet ist und die Tonbildung

resonanzreich „oben" erfolgt.
Alle „m" und „n" langziehen und überbetonen, wie z.B.: Mmminnne, Mmmemmmel, mmmahnennn, Mmmohnnn, Mmmuhmmme usw.
Minne, Memel, mahnen, Mohn, Muhme, mähen, Möhre, Mühle.
Meine Mama macht mir Mehlmäuse.
Mümmelmann vernahm Hummelgesumm.
Man mag manchmal mehrere Mengen mögen.
Munter ihr Mannen, folgt mir zum Mahl.
Mannesmann macht manches möglich.
Nimmer, nennen, Namen, Nonne, nun, nämlich, Nöte, Nüsse, nein, Naumburg, neun.
Nenne niemand meinen Namen.
Von Niebelheims nächtigem Land vernahmen wir neue Mär.

Nun gibt es noch einen Konsonanten oder Mitlaut, der diesen wohltuenden Einfluß auf die richtige Einstellung des Gaumensegels hat.
Das ist der Laut „ng".
Aber wir sagen ja nicht:
Lun - ge, sondern Luñe (das „n" nasal gesprochen). Wir sagen nicht Richtung - sondern Richtuñ (nasal), wir sagen nicht Göttin-gen, sondern Göttiñen (nasal).
Und eine besonders schöne Übung ist das Wort:
Luñenentzünduñen.
Bitte sprechen Sie:
Luñenentzünduñen.
Klingen, sengen, langen, Gong, versunken, hängen, düngen, Engerlinge. Engerlinge bangen um Lungenentzündungen.

Diese - und ähnliche - Übungen sollten Sie jeden Tag ca. 5 Minuten machen, und Ihre Stimme wird stabiler und wohlklingender und - was ganz wichtig sein kann - Sie werden nicht mehr so leicht heiser, wie das vielleicht bisher der Fall war.

Nicht stören beim Hören

Welche Störungen der Zuhörbereitschaft für die Zuhörer können nun durch die Stimme verursacht werden? Hier ist eine Aufzählung:

Mögliche Störungen der Zuhörbereitschaft durch die Stimme:

- Unangenehmer Stimmklang.
- Leises Sprechen.
- Monotones Sprechen.
- Pausenloses Sprechen.

Der Stimme Klang
macht manchmal bang

Unangenehmer Stimmklang stört

Welche Arten des unangenehmen Stimmklangs Hörer bange machen können, und was Sie dagegen machen können, beschreibe ich in meinem Buch „Wie Sie durch Ihr Sprechen gewinnen".

Wer leise spricht, den hört man nicht

Leises Sprechen strengt Zuhörer an

Das leise Sprechen - nicht das zu leise Sprechen, das ist etwas anderes - ist eine der häufigsten und der schwerwiegendsten Störungen der Zuhörbereitschaft. Der Zuhörer kann zwar verstehen, wenn er sich anstrengt. Aber wer strengt sich schon gerne längere Zeit an?
Nach kurzer Zeit schlafft der Zuhörer ab und hört nicht mehr zu.

Leises Sprechen klingt monoton

Dazu kommt aber noch etwas anderes:
Wer leise spricht, spricht fast immer auch monoton.
Wie kommt das?
Die Belebung der Stimme hängt sehr stark vom Wechsel zwischen „laut" und „leise" ab. Wer nun aber immer leise spricht, der wechselt ja nicht.

Leiser sprechen kann er nicht, weil er ohnehin schon leise spricht. Lauter sprechen tut er nicht, weil er leise spricht. Darum spricht der, der leise spricht, fast immer auch monoton. Dieses monotone Sprechen kann ganze Völkerstämme einschläfern - und tut es auch.
Es bewirkt eine erhebliche Störung der Zuhörbereitschaft, weil es unangenehm anzuhören ist. Beim Leisesprechen kommen also zwei Störungen der Zuhörbereitschaft zusammen:
- Das monotone Sprechen (unangenehm anzuhören).
- Das Leisesprechen (schwer zu verstehen).

Leise und monoton zu sprechen, stört die Zuhörbereitschaft und führt in vielen Fällen zum Abschalten, zum Nichtzuhören.

Übungen zur Klangverbesserung

Die Übungen auf Seite 26 ff über einen längeren Zeitraum (2 - 3 Monate) regelmäßig täglich gemacht, könnten das ändern:

Die Übungen auf „m" und „n" können auch dazu benutzt werden, Ihre Stimme zu kräftigen. Jede Übungsfolge beginnen Sie mit Ihrer Normallautstärke und werden bei jeder Wiederholung lauter. Wenn es geht, werden Sie ruhig übertrieben laut. Aber ohne Anstrengung! Sonst reduzieren Sie sofort die Lautstärke.

Vermerk: Lauter sprechen

Auf Ihren Arbeitsunterlagen vermerken Sie: „Lauter sprechen".

Gerade im lebhaften Stimmklang zeigt sich die Überlegenheit des gesprochenen Wortes gegenüber dem geschriebenen. Am besten ist es, wenn Sie durchweg etwas lauter sprechen. Dann wird die Stimme ganz von selbst lebhafter.

Hier einige Wörter zur Übung des lebhafteren Stimmklanges:
Sprechen Sie ruhig stark übertrieben aus, um überhaupt die Möglichkeiten auszukosten, die in einem Wort bzw. einer Wortfolge stecken können:

Sein - oder Nichtsein, tragisches Schicksal, quälende Furcht, verächtliches Lachen, Heiterkeit, Sonnenschein, schöner Tag, wonnetrunken, Pest und Höllenbrand, Du mußt! Ich will! Hart wie Kruppstahl, Dein ist mein ganzes Herz.

Danach versuchen Sie, einmal diese Wörter in Ihrem üblichen monotonen Tonfall zu sprechen. Sie werden sehen, es fällt Ihnen jetzt schwer. *)

Zusammenfassung

Ich fasse noch einmal zusammen:
Ein unangenehmer Stimmklang stört die Zuhörbereitschaft und kann zum Abschalten der Gesprächspartner oder Zuhörer führen. Ebenso leises Sprechen, weil es schwerfällt, lange zuzuhören. Auch das monotone Sprechen stört die Zuhörbereitschaft, weil es unangenehm anzuhören ist.

Das waren einige Störungen der Zuhörbereitschaft, die im ersten Teilbereich des Sprechens: der „Stimme" auftreten können.

*) Weitere Übungen in meinem Buch: „Wie Sie durch Ihr Sprechen gewinnen", München, 1987

3. Mach' mal Pausen

Laß' Pausen sprechen

Wir hatten bisher drei Störungen der Zuhörbereitschaft besprochen:
- Den unangenehmen Stimmklang.
- Das leise Sprechen.
- Das monotone Sprechen.

Jetzt kommt noch eine weitere Störung der Zuhörbereitschaft dazu:
- Das Schnellsprechen.

Schnellsprechen strengt Zuhörer an

Nun kann man gegen das Schnellsprechen verhältnismäßig wenig machen; denn das Schnellsprechen ist eine Temperamentsfrage. Wenn man einem Schnellsprecher sagt, er solle langsamer sprechen, so spricht er zehn bis zwanzig Sekunden langsamer, und nach zwanzig Sekunden ist er schon wieder im alten Tempo.
Aber es gibt ein Mittel gegen das Schnellsprechen:
Das sind **Pausen**.
Sie können so schnell sprechen, wie Sie wollen. Wenn Sie ausreichend Pausen machen, haben Ihre Zuhörer oder Gesprächspartner immer wieder die Möglichkeit, das nachzuvollziehen, was Sie gerade gesagt haben.

Pausen sind das Wichtigste

Pausen sind überhaupt das Wichtigste beim Sprechen.
Jetzt werden Sie vielleicht denken:
Was für ein Unsinn. Das Wichtigste beim Sprechen soll das Nicht-Sprechen sein?
Denn Pausen bedeuten ja „Nicht-Sprechen".

Es gibt vier gute Gründe, die für die Pausen beim Sprechen sprechen:

1. Entlastung des Ultrakurzzeitgedächtnisses.
2. Zeit zum Atemholen.
3. Zeit zum Nachdenken.
4. Erhöhung der Wirkung.

Der erste Grund ist folgender:

Das Ultrakurzzeitgedächtnis

Wir alle haben drei Gedächtnisstufen:
1. Das Ultrakurzzeitgedächtnis.
2. Das Kurzzeitgedächtnis.
3. Das Langzeitgedächtnis.

Uns interessiert hier nur das Ultrakurzzeitgedächtnis.*)

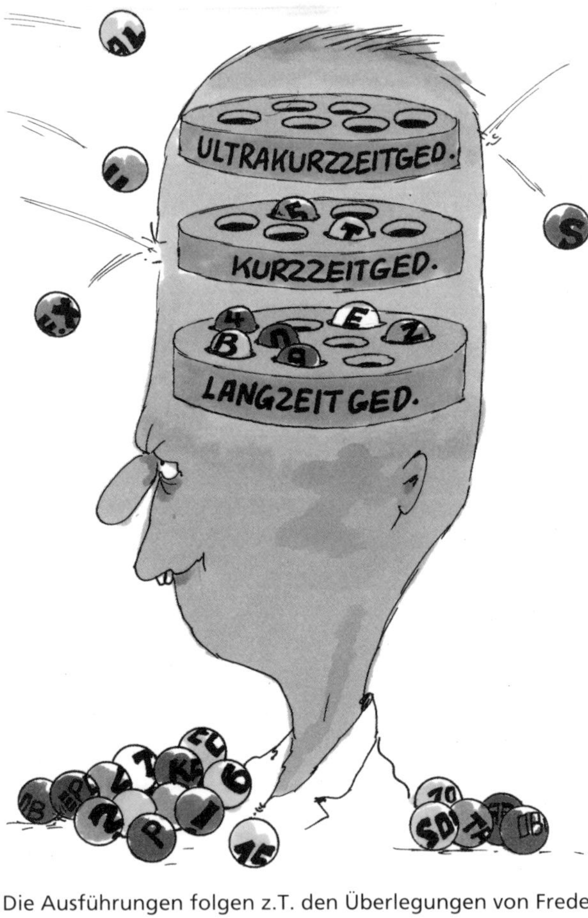

*) Die Ausführungen folgen z.T. den Überlegungen von Frederic Vester, Stuttgart 1975

Wenn wir zu oder mit anderen sprechen, sind wir eine Art Sender. Die Nachrichten, die wir senden, also das, was wir sagen, sind für einen oder mehrere Empfänger bestimmt. Diese Empfänger sind unsere Gesprächspartner oder Zuhörer.

Das Ziel des Senders - also unsere Absicht - ist es, die Nachrichten, die wir senden - also das, was wir sagen, ins Langzeitgedächtnis unserer Partner zu bringen.
Jede Nachricht, die wir senden, z.B. in einem Vortrag, in einem Gespräch, trifft bei jedem Menschen, zu dem wir sprechen, zunächst auf das sogenannte Ultrakurzzeitgedächtnis.

Ultrakurzzeitgedächtnis

Das ist eine Art Momentangedächtnis, das über folgendes entscheidet:
Ist die betreffende Nachricht wichtig, oder ist sie unwichtig - vom Standpunkt des Hörers aus?
Kommt das Ultrakurzzeitgedächtnis zu der Entscheidung, die Nachricht ist wichtig, dann wird sie weitergeleitet ins Kurzzeitgedächtnis, wo sie noch einmal abgeprüft wird.
Kommt das Ultrakurzzeitgedächtnis zu der Entscheidung, die Nachricht ist unwichtig, dann wird sie gelöscht.
Die Folge ist, daß der betreffende Mensch sich überhaupt nicht an diese Nachricht erinnern kann.

Das Ultrakurzzeitgedächtnis arbeitet also wie ein Computer:
Entscheidung „ja“ = weiterleiten.
Entscheidung „nein“ = löschen.
Um so arbeiten zu können, hat das Ultrakurzzeitgedächtnis zwei Eigenschaften:

1. Eigenschaft:

Es hat nur ein sehr begrenztes Fassungsvermögen für Nachrichten. Wenn es voll ist, wenn also eine kleine Menge von Nachrichten drin ist, dann macht es dicht, dann schließt es sich, und es werden keine weiteren Nachrichten mehr aufgenommen.

2. Eigenschaft:

Das Ultrakurzzeitgedächtnis braucht eine bestimmte Zeit, um zu prüfen, ob die Nachrichten oder Teilnachrichten wichtig sind, also weitergeleitet werden müssen, oder ob sie unwichtig sind, also gelöscht werden können.

Die Zeit, die das Ultrakurzzeitgedächtnis braucht, um zu prüfen: „ja" oder „nein", ist unterschiedlich. Meistens braucht es nur Bruchteile von Sekunden. Aber für eine komplizierte oder nur unvollständig aufgenommene Nachricht braucht es längere Zeit - vielleicht z.B. drei, vier Sekunden. Im äußersten Fall wurden bis zu zwanzig Sekunden gemessen.

Während dieser Zeit des Prüfens bleibt das Ultrakurzzeitgedächtnis aber geschlossen - 1. Eigenschaft! - und nimmt keine weiteren Nachrichten mehr auf. Der Sender sendet nun aber oft weiter, d.h. wir sprechen weiter, obwohl das Ultrakurzzeitgedächtnis unserer Gesprächspartner oder Zuhörer nicht aufnahmefähig ist. Das bedeutet, wir sprechen am Ohr unserer Zuhörer vorbei. Wir können gar nicht gehört werden.

Vielleicht haben Sie das auch schon mal erlebt:
Sie haben anderen Menschen etwas ganz genau erklärt. Sie haben nichts ausgelassen. Und trotzdem hatten einige nur die Hälfte von dem gehört, was Sie erklärt hatten.
Deren Ultrakurzzeitgedächtnis war immer wieder geschlossen, um die Nachrichten zu prüfen, die vorher hereingekommen waren. Die Zuhörer hatten also gar keine Chance, das gerade Neugesagte aufzunehmen.

Was kann man nun dagegen tun? Wie können Sie verhindern, daß das Ultrakurzzeitgedächtnis Ihrer Zuhörer blokkiert ist durch das, was Sie vorher gesagt hatten?

Das geschieht durch Pausen.
Wenn Sie genügend Pausen machen, dann geben Sie Ihren Partnern immer wieder Gelegenheit, das nachzuvollziehen, was Sie gesagt haben und deren Ultrakurzzeitgedächtnis somit die notwendige Zeit, sich zu entscheiden.

Der erste Grund für Pausen beim Sprechen ist also die Entlastung des Ultrakurzzeitgedächtnisses.

1. Grund für Pausen

Das Hirn braucht Sauerstoff

Wir kommen zum zweiten Grund:
Pausen geben Ihnen Zeit zum Atemholen.

Sie wissen vielleicht:
Eine gute Versorgung des Gehirns mit Sauerstoff verbessert das Denkvermögen.
Und umgekehrt:
Eine schlechte Versorgung des Gehirns mit Sauerstoff verringert das Denkvermögen.

Nun hängt die Sauerstoffversorgung vom Atmen ab. Je freier ich atme, desto besser wird das Gehirn mit Sauerstoff versorgt.

Wie ist es nun, wenn wir ein schwieriges Gespräch führen, wenn wir einen Vortrag halten müssen?
Wir spannen uns an. Wir verkrampfen uns. Und in der Anspannung atmen wir alle ganz flach. Wir können gar nicht richtig durchatmen.
Wenn wir also unser Gehirn am nötigsten brauchen, wie z.B. bei einem schwierigen Gespräch oder einem Vortrag, dann versorgen wir es nicht genügend mit Sauerstoff, und dadurch verringern wir unser Denkvermögen.
Aber wir können etwas dagegen tun: Durchatmen nämlich.
Wenn wir kräftig durchatmen, geht die Anspannung weg. Unser Gehirn wird besser mit Sauerstoff versorgt. Und wir können besser denken.

Sie wissen jetzt also:
In schwierigen Situationen, z.B. einem Vortrag, immer wieder tief durchatmen.

2. Grund für Pausen Der zweite Grund für Pausen beim Sprechen ist also die bessere Sauerstoffversorgung - und damit die Verbesserung des Denkvermögens.

Erst denken - dann sprechen

3. Grund für Pausen Der dritte Grund für Pausen beim Sprechen ist folgender:

Pausen geben Ihnen Zeit, darüber nachzudenken, was Sie als nächstes sagen. Das ist wichtig. Oder wollen Sie erst hören, was Sie sagen, bevor Sie wissen, was Sie denken?
Sie sollten das Denken lieber vorschalten.
Die Pausen können Sie also benutzen, um zu überlegen, was Sie als nächstes sagen müssen oder wollen.

Die Wirkung steigern

4. Grund für Pausen Der vierte Grund ist auch nicht unwichtig:

Pausen steigern die Wirkung des Gesprochenen.
Eine Pause vor oder nach einem wichtigen Wort oder wichtigen Satz hebt dieses Wort heraus aus den anderen Worten und gibt ihm eine besondere Bedeutung.

Bitte sprechen Sie nachstehende Texte auf ein Diktaphon oder auf eine Audio-Cassette. Wenn Sie beides nicht haben, dann lassen Sie sich die Texte von jemanden vorlesen und vergleichen sie.

Übung Dehnen Sie dabei die Pausen ruhig so weit aus, bis sie Ihnen lang vorkommen. Sie werden feststellen, daß Sie die zweite Fassung - mit Pausen - wesentlich leichter vorlesen können. Sie haben nämlich durch die Pausen mehr Zeit, sich jeweils in Ruhe auf die nächsten Worte vorzubereiten. (2. und 3. Grund für die Wichtigkeit von Pausen.)
Dann hören Sie die beiden Texte hintereinander ab. Sie werden sehr deutlich beim Abhören merken, daß die zweite

Fassung - mit Pausen - leichter zu verstehen und viel wirkungsvoller ist.

Übungstext 1 * (ohne Pausen)

Alles, was vor uns entstehen soll, findet seine Ursache in unserem Denken. Ein Gedanke, eine Idee, deren Verwirklichung wir ausdauernd verfolgen, muß schließlich sichtbar in Erscheinung treten. Auch ich habe große Ziele. Alle Kräfte, die ich zur Verwirklichung meiner Wünsche brauche, liegen in mir. Durch die Macht der Gedanken werden diese Kräfte zu treuen Helfern bei meinem Werk. Warum sollte ich nicht mehr erreichen, als andere mir zutrauen? Ich wachse mit allen Aufgaben, die ich mir selbst stelle. Ich werde mein Ziel erreichen. Ganz bestimmt. Ich fühle meine Kräfte und Fähigkeiten wachsen. Ich glaube an mich und an meine Ziele, so wie alle die Menschen an sich geglaubt haben, die Großes vollbracht haben.

Übungstext 2 * (mit Pausen)

Alles -Pause- was vor uns entstehen soll, -Pause- findet seine Ursache -Pause- in unserem Denken. -Pause- Ein Gedanke, -Pause- eine Idee, -Pause- deren Verwirklichung wir ausdauernd verfolgen, -Pause- muß schließlich sichtbar in Erscheinung treten. -Pause- Auch ich habe große Ziele. -Pause- Alle Kräfte, -Pause- die ich zur Verwirklichung meiner Wünsche brauche, -Pause- liegen in mir. -Pause- Durch die Macht der Gedanken -Pause- werden diese Kräfte -Pause- zu treuen Helfern bei meinem Werk. -Pause- Warum -Pause-sollte ich nicht mehr erreichen, -Pause- als andere mir zutrauen? -Pause- Ich wachse -Pause - mit allen Aufgaben, -Pause- die ich mir selbst stelle. -Pause- Ich werde mein Ziel erreichen. -Pause- Ganz bestimmt. -Pause- Ich fühle -Pause- meine Kräfte und Fähigkeiten -Pause- wachsen. -Pause- Ich glaube an mich -Pause- und an meine Ziele, -Pause- so wie alle die Menschen -Pause- an sich geglaubt haben, -Pause- die Großes vollbracht haben.*

* Schellbach, Freiburg 1982

Sie werden vermutlich festgestellt haben, daß der mit Pausen gesprochene Text wesentlich angenehmer anzuhören und besser zu verstehen ist. Unter anderem lag es daran, daß der zweite Vortrag durch die Pausen besser strukturiert erschien. Und dadurch wurde die Wirkung erhöht.

Diese beiden gleichen - aber doch so verschiedenen - Vorträge haben noch etwas gezeigt:
Ihr Ultrakurzzeitgedächtnis hatte durch die Pausen beim zweiten Vortrag Zeit, das Gehörte zu verarbeiten.

Die Wohltat der Pausen

Und Pausen gaben dem Sprecher die Möglichkeit zum Atemholen. Und sie gaben dem Sprecher auch die Möglichkeit, darüber nachzudenken bzw. nachzulesen, was als nächstes kommt, was er als nächstes sagen muß. Und - sicher nicht unwichtig - die Pausen haben, wie schon gesagt, die Wirkung erhöht.
Das alles gilt nicht nur für Gedichte oder den Schellbach-Text, sondern es gilt für fast jedes Sprechen.

Das war es, was ich gern beweisen wollte:
Die Wohltat der Pausen.

Zusammenfassung

Ich darf noch einmal zusammenfassen:
Ein **unangenehmer Stimmklang** lenkt ab.
Leises Sprechen ist schwer zu verstehen.
Monotones Sprechen ist unangenehm anzuhören.
Pausenloses Sprechen ist schwer zu verstehen.

Rücksichtsloser Sprecher

Es sind Rücksichtslosigkeiten des Sprechers gegenüber den Zuhörern und können deren Zuhörbereitschaft erheblich vermindern oder sogar ganz zum Erliegen bringen.

4. Auf die Zuhörer Rücksicht nehmen

Auch die Sprache kann stören

In den ersten Kapiteln habe ich Möglichkeiten des Einwirkens auf andere und die Frage „Was ist Sprechen?" intensiver behandelt.
Dann habe ich die Störungen der Zuhörbereitschaft deutlich gemacht, die beim ersten Teilbereich des Sprechens, der **„Stimme"** auftreten können.

Ich komme jetzt zum zweiten Teilbereich des Sprechens, der **„Sprache"**.

Was ist „Sprache"?

Sprache ist das, was wir sagen - also der Inhalt des Gesprochenen und wie wir diesen Inhalt formulieren - also wie wir uns ausdrücken.

Hier sehen Sie die Störungen der Zuhörbereitschaft bzw. ihr Vermeiden aufgelistet, die beim zweiten Teilbereich des Sprechens, der „Sprache" in Erscheinung treten können:

1. Deutliche Aussprache.
2. Formulierungs-Unarten (z.B. „äh") vermeiden.
3. Zuhörerfreundlich formulieren.
   - Übersichtlich (gegliedert).
   - Einfach (Hauptsätze).
   - Interessant (kein Schriftdeutsch).
     - „Sie" oder „Ihr" statt „man".
     - Rhetorische Fragen.
     - Nutzen bringen.
     - Beispiele.

Deutliche Aussprache

Die Wichtigkeit der deutlichen Aussprache wird oft sehr überschätzt.
Wenn Ihre Aussprache ohne große Erschwerung der Verständlichkeit von Ihren Gesprächspartnern und Zuhörern verstanden wird, dann haben Sie nicht den geringsten Grund, an der Art, wie Sie sprechen, etwas zu ändern.

Wir sprechen, um verstanden zu werden

Es kommt also nicht unbedingt darauf an, ob die Endsilbe eines Wortes deutlich ausgesprochen wird, oder ob ein „t" klar vom „d" unterschieden werden kann, sondern einzig und allein kommt es darauf an, ob das, was Sie sagen, gut zu verstehen ist.

Eine gewollt deutliche Aussprache klingt unnatürlich und stört die Zuhörbereitschaft.

Sollte Ihre Aussprache allerdings allzu undeutlich sein, nuscheln Sie z.B. stark oder verschlucken Sie zu viele Silben, dann ist es für Ihre Partner schwer, Sie zu verstehen, und sie schalten ab. Die Zuhörbereitschaft erlischt.

An diese Stelle gehört auch die Bewertung des sogenannten Dialektes, d.h. dürfen Sie Dialekt sprechen oder nicht? Sie dürfen es nicht, wenn Ihre Gesprächspartner oder Zuhörer diesen Dialekt nicht kennen. Denn dann versteht man Sie nicht, und das bedeutet völliges Erlöschen der Zuhörbereitschaft.
Also z.B. kein Kölsch Platt, kein Plattdütsch und kein breites Schwäbisch oder Bayerisch, wenn Ihre Partner diesen Dialekt nicht beherrschen.
Aber Sie alle, die Sie Dialekt sprechen, Sie tun das fast immer nur dann, wenn Sie mit Landsleuten sprechen.

Dialekt: nein Klangfarbe: ja

Wenn Sie mit oder zu Menschen sprechen, die Ihren Dialekt nicht kennen, dann sprechen viele von Ihnen zwar nicht das sogenannte „Hochdeutsch", sondern eine mundartliche Klangfärbung. Das heißt, man hört zwar, von wo Sie herkommen, woher Sie stammen, aber man kann Sie verstehen.

Warum sollten Sie nicht zeigen, woher Sie stammen, wo Sie Ihre Wurzeln haben?
Bitte bemühen Sie sich in einem solchen Fall nicht, reines „Hochdeutsch" zu sprechen. Das würde aus Ihrem Mund nur gekünstelt klingen. Und das würde die Zuhörbereitschaft stören.
Vielleicht stört den einen oder anderen Partner auch die mundartliche Klangfarbe. Aber da sollten Sie drüber stehen; damit sollten Sie leben. Sich das abzugewöhnen oder wegzutrainieren, kostet sehr, sehr viel Arbeit.

Konrad Adenauer war wirklich ein bedeutender Mensch. Aber er hat sich nie geschämt, mit Kölner Klangfärbung zu sprechen. Theodor Heuss leugnete nie, aus Schwaben zu stammen.

„Äh-Sagen" ist Angst vor der Pause

Es gibt -äh- Menschen, die -äh- ganze Säcke -äh- voll Ähs füllen, ehe -äh- sie -äh- einen Satz -äh- zu Ende -äh- gebracht -äh- haben.

Zuviele „Ähs" sind unverschämt

Dieses „Äh"-Sagen ist eigentlich eine Unverschämtheit. Ich unterhalte mich ja nicht mit einem Menschen, um von ihm Urlaute entgegenzunehmen. Das „Äh" ist ja ein Urlaut. Das kleine Kind in der Wiege kann Urlaute von sich geben: „Äh, äh, äh, äh"; aber doch nicht ein erwachsener Mensch!
Die meisten Leute, die so viele „Ähs" sagen, wissen das überhaupt nicht.

Was ist denn das „Äh"? Das „Äh" entsteht durch die unbewußte Angst vor der Pause.
Ich weiß nicht gleich, was ich sagen soll. Dann habe ich das Gefühl, wenn ich jetzt eine Pause mache, langweilen sich die anderen, also sage ich lieber „äh", um die Pause auszufüllen. Was für ein Unsinn!
Sie machen das natürlich in Zukunft nicht mehr; denn Sie wissen ja inzwischen, wie wichtig und wohltuend Pausen sind.

Ich werde versuchen, Ihnen am Ende dieses Buches Ratschläge und Verhaltensweisen nahezubringen, die es Ihnen vielleicht leichter machen, das anzuwenden, was Sie in diesem Buch als für Sie nützlich erfahren haben.
Das gilt auch für das Ausmerzen des „Äh".

Pausen statt „Äh"

An dieser Stelle nur dieses:
Sollten Sie dazu neigen, allzu häufig „äh" zu sagen, dann versuchen Sie immer wieder ganz bewußt, Pausen zu machen. Programmieren Sie sich förmlich auf Pausen. Dann sagen Sie keine „Ähs" mehr.

Das „Äh" entsteht, wie gesagt, durch die unbewußte Angst vor der Pause. Wenn Sie aber bewußt Pausen machen, dann haben Sie ja keine Angst mehr davor, und Sie sprechen bald kein „Äh" mehr. Außerdem können Sie auf Ihre Stichwortzettel oder Gesprächsnotizen an den Rand immer wieder „Äh" schreiben. Dadurch werden Sie daran erinnert, es nicht zu sagen.

Übrigens:
Wenn Sie mal ab und zu „äh" sagen, dann schadet das gar nichts. Nur wenn es anfängt, Ihre Gesprächspartner oder Zuhörer in ihrer Zuhörbereitschaft zu stören, dann schadet es. Z.B. wenn diese Strichlisten machen, die markieren, wie viele „Ähs" Sie in einer Minute ausstoßen, dann hören sie auch nicht mehr zu!

Andere Formulierungsunarten neben dem „Äh" können noch sein: „Woll", „genau", „ehrlich", usw.

Was wollen Hörer hören?

Jetzt kommen wir zu einer ganz wichtigen Sprach-Regel. Sie heißt:
„Zuhörerfreundlich formulieren".

Was bedeutet das?
Wenn Sie sprechen, dann tun Sie das ja nicht für sich, sondern für die, die Sie ansprechen.

Gehen wir jetzt einmal von folgendem aus:
Sie müssen einen Vortrag halten. Da steht das Thema, also der Inhalt, ja von vornherein fest:
Z.B. der Vorschlag für eine Bürgerinitiative, für die Gestaltung eines Clubabends, ein Antrag auf einer Elternversammlung, eine Informationsrede vor Ihren Mitarbeitern, eine Geburtstagsrede, usw.

Also der Inhalt steht jeweils fest. Daran können Sie nichts ändern.

Aber Sie müssen davon ausgehen, daß der Inhalt die meisten Ihrer Zuhörer gar nicht oder nur sehr wenig interessiert. Jedenfalls ist er für die Hörer fast immer weniger interessant als für Sie selber als Sprecher. Viele würden Ihnen also wegen des Inhalts allein kaum zuhören.
Was können Sie dagegen machen?

Sie können diesen für die meisten Ihrer Hörer langweiligen und uninteressanten Inhalt so gestalten, so formulieren, daß er ihnen interessant vorkommt, daß sie also zuhören. Sie müssen deshalb dafür sorgen, daß es angenehm ist, Ihnen zuzuhören, daß es Spaß macht.

Mit zwei Worten:
Zuhörerfreundlich formulieren.

Dazu gehört:

Übersichtlich formulieren

1. Eine für den Zuhörer merkbare Gliederung, also eine gute Übersicht.
   Wenn Sie Ihren Vortrag gliedern, zwingen Sie sich selbst zu einem logischen Aufbau, der die Verständlichkeit erhöht.
   Das Gegenteil ist übrigens:
   Durcheinander formulieren.
   Das erschwert die Verständlichkeit ungemein.

Zuhörerfreundlich ist auch:

Einfach formulieren

2. Einfach formulieren.
   Das Gegenteil sind komplizierte Formulierungen.
   Dazu gehören Fremd- oder Fachwörter, also solche Wörter, die Sie zwar verstehen, aber Ihre Zuhörer nicht.
   Vor allen Dingen heißt „einfach formulieren", möglichst wenige Nebensätze zu sprechen. Hauptsätze sind viel einfacher, d.h. leichter anzuhören. „Einfach formulieren" macht es den Zuhörern also leichter, Ihnen zuzuhören. Das schätzt jeder, und es gibt positive Punkte auf der Beziehungsebene.

Ihr wichtigstes zuhörerfreundliches Verhalten im Teilbereich „Sprache" besteht in folgendem:

Interessant formulieren

3. Den vorgegebenen Inhalt möglichst interessant, möglichst anregend formulieren, sich interessant und anregend ausdrücken.
   Wie macht man das?
   Indem Sie so sprechen, wie sonst auch. So, wie Sie mit den Menschen sprechen, die Ihnen nahestehen - nur etwas lauter. Kein Schriftdeutsch also, sondern Ihr normales Umgangsdeutsch.
   Die meisten Menschen meinen nämlich, sie müßten sich möglichst „fein" ausdrücken, wenn sie zu einer Gruppe sprechen. Sie sprechen dann „nach der Schrift" - also Schriftdeutsch.
   Schriftdeutsch entspricht aber nicht dem, was Ihre Zuhörer erwarten. Die erwarten nämlich „Umgangsdeutsch" - also das Deutsch, was Sie und sie sonst auch sprechen.

Hören Sie den Unterschied:

Beispiel

„Sehr geehrte Clubmitglieder!
Die Entwicklung unserer Vereinigung ist an und für sich ja sehr erfreulich, denn jeder von Ihnen, so wie ich auch, konnte in der Vergangenheit deutlich sehen, daß es eigentlich immer nur positiv eskalierte; und daß das Clubleben sich von Jahr zu Jahr intensivierte.
Dieser erfreuliche Aufwärtstrend war umso erstaunlicher, als die Anfänge unseres Vereins, also gerade diese erste, schwere Zeit nach der Gründung, unter dem Vorzeichen krisenhafter Entwicklungen standen.
Erfreulicherweise sind diese ersten schweren Zeiten überwunden, und wir gehören heute voll berechtigtem Stolz einer Vereinigung an, die sowohl Literatur - moderne und klassische - als auch Musik - ebenfalls moderne und klassische - weit über die Gemarkungen unserer Stadt hinaus fördert und verbreitet.
Unser erster Vereinspräsident, also der Gründungspräsident, der leider allzu früh verstorbene Dr. Johannes Schmitz, hatte von Anfang an mit dem negativen Vorurteil zu kämpfen, daß in einer Zeit wirtschaftlicher Unsicherheit und des hastigen Strebens nach vorwiegend materiellen Werten und Gütern, ein Verein, der die Kultur auf sein Panier geschrieben hat, keine Daseinsberechtigung habe und nicht existenzfähig sei.
Dennoch gab es eine im großen und ganzen sehr erfreuliche Aufwärtsentwicklung, an der wir alle ja nicht ganz unbeteiligt waren, und weswegen ich Ihnen an dieser Stelle für Ihren Einsatz von ganzem Herzen Dank sagen möchte; denn dieser - Ihr ganz persönlicher Einsatz und Ihr Beharrungsvermögen - haben uns ..."

„Liebe Clubfreunde!
Die Entwicklung unseres Vereins ist bisher sehr positiv verlaufen.
Wir alle haben es ja hautnah miterlebt. Von Jahr zu Jahr stieg die Mitgliederzahl; die Veranstaltungen wurden immer besser besucht; die Qualität der Veranstaltungen verbesserte sich von Mal zu Mal.
Wie kam es dazu?

Es hat drei entscheidende Gründe:

1. Der Verein wurde aus dem Nichts geschaffen - gegen die damalige voll materialistische Zeitströmung. Da konnte es nur aufwärts gehen oder scheitern. Unser ehemaliger Vorsitzender hat mir mal erzählt, wie die Stadtverwaltung sich damals verhalten hat. Der Bürgermeister hat ihn gewarnt. Er hat gesagt: „Wenn Sie das machen, wenn Sie diesen Verein ins Leben rufen, so tun Sie das auf eigenes Risiko. Von der Stadt haben Sie keine Unterstützung zu erwarten." Gott sei Dank hat sich das ja heute geändert.
2. Unser Gründungs-Vorsitzender, Herr Dr. Johannes Schmitz, hat voll Energie und Tatkraft diesem Trend entgegengearbeitet und ein grundsolides Fundament geschaffen - ideeller und materieller Art. Auf diesem Fundament konnte nachfolgend hervorragend aufgebaut werden. Und
3. Meine Damen und Herren, schaffen Sie alle mit Rat, Tat, Geld und Einsatzfreude diesen Verein immer wieder aufs neue. Einen Verein, der für Literatur, Musik und Geselligkeit viel tun konnte und immer mehr tut. Ich erinnere Sie nur an die vielen auswärtigen Besucher bei unseren Veranstaltungen. Nun hat diese ..."

Haben Sie den Unterschied bemerkt?
Welche von beiden Formulierungen scheint Ihnen wirkungsvoller zu sein?
Ich nehme an, die zweite.

Worin liegt nun der Unterschied?

1. Die zweite Fassung ist gegliedert. Die einzelnen Fakten werden der Reihe nach gebracht. Es werden einzelne Gliederungspunkte sogar numeriert. Bei der ersten Fassung ging es mehr durcheinander.
2. Bei der zweiten Fassung werden wesentlich kürzere Sätze gebildet. Es gibt nur wenige Nebensätze. Das macht diese Fassung für die Hörer besser verständlich. Bei der ersten Fassung kommt leicht ein Gefühl der Langeweile auf.
3. Bei der zweiten Fassung wird das durch rhetorische Fragen verhindert: „Wie kam es dazu?" und durch ein konkretes Beispiel: „Unser ehemaliger Vorsitzender hat mir mal erzählt ...".

„Sie" statt „man"

Weitere Formulierungen, die ebenfalls interessant wirken und dadurch einen für die Zuhörer uninteressanten Text interessant erscheinen lassen, sind: „Sie" oder „Ihr" statt „man".

Hier je ein Beispiel:

1. „Wenn man Skilaufen kann, hat man ungeahnte Erlebnisse: Man hat die Möglichkeit, die Sonne morgens über dem unberührten Schnee aufgehen zu sehen. Man lernt die Landschaft aus Perspektiven kennen, aus denen sie der Fußgänger nie zu sehen bekommt. Man erlebt den Rausch der Geschwindigkeit, und man hat auch abends beim Après-Ski noch einige fröhliche Stunden."

2. „Wenn Sie Skilaufen können, dann haben Sie ungeahnte Erlebnisse: Sie haben die Möglichkeit, die Sonne morgens über dem unberührten Schnee aufgehen zu sehen. Sie lernen die Landschaft aus Perspektiven kennen, aus denen sie der Fußgänger nie zu sehen bekommt. Sie erleben den Rausch der Geschwindigkeit, und Sie haben auch abends beim Après-Ski noch einige fröhliche Stunden."

Merken Sie den Unterschied?
Das „Sie" oder das „Ihr" oder das „Du" wirken sehr viel persönlicher - und dadurch interessanter - als das „Man". Das gibt positive Punkte auf der Beziehungsebene.

Vorteil und Nutzen

Ich erwähnte es schon:
Fast kein Mensch ist im allgemeinen interessiert an dem, was wir ihm sagen wollen oder zu sagen haben. Aber jeder Mensch ist an der Antwort auf eine einzige Frage interessiert.
Und die heißt:
„Was nützt es mir?"

Was nützt es mir Was nützt es mir, wenn ich zuhöre? Was nützt es mir, wenn ich das tue oder lasse, was dieser Mensch mir sagt?

Dabei denken die Zuhörer natürlich nicht laufend darüber nach, was Sie ihnen Nützliches sagen. Sie merken es meistens überhaupt nicht. D.h., Sie müssen es ihnen ganz deutlich machen, Sie müssen das ganz ausformulieren, was für den Hörer nützlich ist.
Also sagen Sie nicht:
„Kegeln ist eine sehr gesellige Angelegenheit",
sondern sagen Sie:
„Kegeln bringt jedem einzelnen von uns viel Freude."
Sagen Sie nicht:
„Wenn wir den Teich einzäunen, ist die Gefahr beseitigt",
sondern sagen Sie:
„Wenn wir den Teich einzäunen, können unsere Kinder ohne Gefahr spielen, und wir Eltern brauchen nicht dauernd Angst zu haben."

Merken Sie den Unterschied?
Sie müssen Ihre Zuhörer mit der Nase auf das stoßen, was ihnen nützt und wie es ihnen nützt. Dadurch wird ein Vortrag oder ein Gespräch anregender; und jeder Partner wird unmittelbar interessiert.

Besonders wichtig Zuhörerfreundlich formulieren ist das Wichtigste beim Vortrag und Gespräch.
Es schafft eine positive Beziehung zu den Partnern, weil sie gerne zuhören.

Zusammenfassung Ich fasse zusammen:

- Übersichtlich, gegliedert, strukturiert formulieren.
  Das Gegenteil heißt:
  Durcheinander formulieren und ist schwer zu verstehen.
- Einfach formulieren.
  Also möglichst wenige Nebensätze, keine Fremd- und Fachwörter vor Laien.
  Das Gegenteil heißt:
  Kompliziert formulieren und ist schwer zu verstehen.
- Interessant formulieren.
  Also Umgangssprache sprechen, Beispiele bringen, rhetorische Fragen stellen, Vorteile deutlich machen.

Das Gegenteil heißt:
Langweilig sprechen. Das stört die Zuhörbereitschaft sehr, weil es schwerfällt, zuzuhören.

5. Persönlichkeit zeigen

Auch die „Person" kann stören

Im letzten Kapitel haben wir uns mit den Störungen der Zuhörbereitschaft befaßt, die beim zweiten Teilbereich des Sprechens, der „Sprache" auftreten können. Wir kommen nun zum dritten Teilbereich des Sprechens, der **„Persönlichkeit"**.

1. Blickkontakt.
2. Gesichtsausdruck.
3. Körpersprache.

Ohne Blick wenig Glück

Wenn zu einem oder mit einem gesprochen wird, dann erwartet man, dabei angesehen zu werden.
Wenn Sie keinen Blickkontakt aufnehmen und halten, kann das bei Ihren Zuhörern zu Aggressionsgefühlen führen und bringt unweigerlich negative Punkte auf der Beziehungsebene.

Man mag Sie dann ganz einfach nicht mehr.

Die magische Kraft des Auges

Im Auge liegt eine magische Kraft, die das besser aufnehmen läßt, was Sie sagen. Das Auge ist wie ein zusätzliches Medium neben der Stimme und der Sprache.
Es gibt Untersuchungen über die Wirkung des Blickkontaktes, die folgendes deutlich machen:
Da, wo mit Blickkontakt gesprochen wird, wird mehr behalten.
Ich halte den Blickkontakt für so wichtig, daß ich eine Technik dazu entwickelt habe. Diese Technik macht es mir möglich, einen Text vorzutragen, den ich überhaupt nicht kenne und trotzdem einigermaßen Blickkontakt mit Ihnen zu halten. Diese Technik ist ganz einfach und im Handumdrehen zu erlernen.
Sie geht wie folgt:

Technik des Blickkontaktes

Sie lesen so viele Worte Ihres Manuskriptes, wie Sie ohne Schwierigkeiten, ohne Auswendiglernen behalten können. Sie lesen nur, ohne dabei zu sprechen.
Dann blicken Sie auf, suchen den Blickkontakt mit Ihren Hörern und sprechen dann erst diese vorher gelesenen Worte.
Wenn Sie ausgesprochen haben, sehen Sie Ihre Hörer noch einen Augenblick an, und erst dann sehen Sie wieder nach unten und lesen wieder so viele Worte, wie Sie ohne Mühe behalten können.
Dann blicken Sie wieder auf und sprechen diese Worte erst, wenn Sie den Blickkontakt mit Ihren Hörern wieder aufgenommen haben.
So geht es dann weiter, bis Sie alles vorgetragen haben; denn das ist der Unterschied zum Vorlesen:

Vortrag statt Lesung

Durch den Blickkontakt wird das **Vorlesen** zum **Vortragen**.

Natürlich entstehen dabei zunächst auch Pausen an solchen Stellen, an denen dem Sinn nach keine Pausen hingehören. Aber das ändert sich sehr schnell. Schon nach einigen Minuten Übung „sitzen" die Pausen an den richtigen Stellen.

Im allgemeinen werden Sie ja nur Texte vortragen, die Sie kennen oder selbst formuliert haben.
Dann ist diese Technik überhaupt kein Problem. Dann „sitzen" alle Pausen an den richtigen Stellen.

In sehr vielen Veranstaltungen habe ich getestet, daß diese Methode: nur sprechen, wenn man Blickkontakt hat,- wesentlich besser bei den Hörern ankommt als die allgemein übliche Gepflogenheit, schon während des Sprechens immer wieder in das Manuskript zu sehen - also ohne Blickkontakt zu lesen - anstatt vorzutragen.

Auch lange Pausen sind kurz

Die Pausen, die durch das Aufnehmen des neuen Textes entstehen, werden von den Hörern als überaus angenehm empfunden - vor allem bei schwierigen Texten. Interessanterweise kommen dem, der vorträgt, die Pausen (zunächst) viel länger vor als denen, die zuhören.

Machen Sie den Versuch:
Tragen Sie einen beliebigen Text so vor, wie ich es beschrieben habe. Üben Sie diese Technik, indem Sie denselben Text immer wieder vortragen. Nach fünf- bis sechsmal nehmen Sie den Vortrag auf eine Audio-Cassette auf. Sie werden beim Abspielen sehr erstaunt sein, wie angenehm Ihr Vortrag zu hören ist.
Aber das ist nur ein schwacher Eindruck der Wirklichkeit; denn beim Vortrag vor Hörern bewirkt der Blickkontakt eine zusätzliche Steigerung der Wirkung.
Außerdem werden Sie merken, daß Sie durch den Zwang zur Pause, den Sie sich bei dieser Technik auferlegen, sehr bald wesentlich ruhiger und sicherer werden.

Hier habe ich den Vorgang des **„Lesen mit Blickkontakt"** noch einmal in Kurzform mit zusätzlichen Erläuterungen beschrieben:

Vortragen statt vorlesen

- Manuskript mit möglichst großen Buchstaben und möglichst vielen Absätzen schreiben.

- Zwischen den einzelnen Zeilen große, zwischen den einzelnen Absätzen sehr große Zwischenräume machen.

- Manuskript nur halbseitig beschreiben - also eine Hälfte des (DIN A 4 oder DIN A 5) Blattes frei lassen.

- Jede Zeile nach Möglichkeit so konzipieren, daß sie einen geschlossenen Sinnzusammenhang bildet und leicht mit einem Blick aufgenommen werden kann.

- Manuskript in folgendem Rhythmus vortragen: Am Anfang die Zuhörer mit Rundum-Blickkontakt ansehen; dann:
  A Blick senken. Text (möglichst mit Sinnzusammenhang) aufnehmen.
  B Blick heben. Blickkontakt herstellen.
  C Sprechen
  D Moment verharren. Blickkontakt halten.
  A Blick senken. Nächsten Text aufnehmen.
  Dann weiter ab B usw.
  Also folgender Rhythmus:
  A - B - C - D - A - B - C - D - A - B - C - D - usw.

Falsche Pausen richtig stellen

Sollte durch ungünstige Textaufnahme eine Pause am falschen Platz entstehen, dann wiederholen Sie einfach die letzten Worte des vorherigen Textes und stellen so den Anschluß wieder her.

Bei einem ausgeschriebenen Manuskript ist der Blickkontakt mit den Hörern kein großes Problem; denn man braucht nicht mehr über das, was man sagen will, nachzudenken. Das steht ja schriftlich da.

Sprechen nach Stichworten

Anders ist es beim Sprechen nach Stichworten oder ohne Unterlagen.
Dabei kommen viele Redner in Schwierigkeiten, weil sie sozusagen „dreispurig laufen" müssen:

1. Überlegen, was sage ich?
2. Überlegen, wie sage ich es?
3. Blickkontakt suchen und halten.

Der Zwang zum Blickkontakt stört den Redner beim Überlegen, was er sagen will. Deshalb sieht er in die Luft, auf das Pult (wenn er eins hat), auf den Boden, auf den Stichwortzettel und spricht dabei - spricht also ohne Blickkontakt.
Das stört dann die Zuhörer.
Diese Störung ist aber leicht zu beheben:
Sie verlegen einfach das Überlegen über Ihre nächsten Worte in die Pausen.

Hier ist das Schema:
1. Sie überlegen, was Sie sagen (ohne Blickkontakt). Sie sehen dabei auf Ihren Stichwortzettel oder über die Hörer hinweg - oder wohin Sie sonst wollen.

2. Wenn Sie wissen, was Sie sagen wollen, sehen Sie die Hörer an und sprechen.

3. Wenn Sie dann wieder über Ihre folgenden Ausführungen nachdenken müssen, sehen Sie wieder in Ihr Manuskript - oder wohin Sie sonst wollen - und überlegen, ohne zu sprechen.

4. Wie unter Punkt 2. beschrieben, usw.

Viel leichter

Sie werden merken, daß es Ihnen auf diese Weise viel leichter fällt.
Sie fahren nämlich jetzt nicht mehr dreispurig sondern nur zwei- und einspurig:
- Während Sie sprechen, brauchen Sie nicht zu überlegen.
- Während Sie überlegen, brauchen Sie nicht zu sprechen.

Dann und dadurch haben Sie Zeit und Mut zum Blickkontakt.
Außerdem sind die zwangsläufig entstehenden größeren Pausen sehr wohltuend für die Zuhörer.

Ich möchte abschließend noch einmal eindrücklich betonen, daß es für einen Redner und auch für einen Verhandler unbedingt notwendig ist, seine Zuhörer bzw. Gesprächspartner anzuschauen. Woher soll er sonst wissen, wie die anderen auf seine Worte reagieren?

- Sind sie einverstanden?
- Lehnen sie den Sprecher und das, was er sagt, ab?
- Hören sie überhaupt zu?

Blickkontakt = Nabelschnur

Der Blickkontakt ist wie eine Nabelschnur. Er verbindet Sprecher und Hörer miteinander.

Eines sollten Sie noch wissen:
Wenn Sie versuchen, den Blickkontakt zu halten, wenn Sie also Ihre Zuhörer ansehen, dann hören Ihnen fast alle diejenigen, die Ihren Blick nicht erwidern, nicht zu. Noch sehr viel mehr Zuhörer hören Ihnen nicht zu, wenn Sie Ihrerseits den Blickkontakt gar nicht erst anbieten.

Natürlich sollen Sie, besonders in einem Gespräch, nicht jemanden die ganze Zeit anstarren; dann wird dieser Mensch ganz verunsichert - zupft an der Krawatte oder faßt sich an die Frisur usw.
Bei wenigen Zuhörern können Sie ruhig den Blickkontakt wechseln. Mal den, mal den ansehen.
Bei nur einem Gesprächspartner suchen Sie den Blickkontakt und lösen ihn dann wieder. Also suchen und lösen, damit kein Anstarren daraus wird.
Wenn der andere spricht, können Sie ihn ruhig die ganze Zeit ansehen - also Blickkontakt mit ihm halten. Er hat dann das gute Gefühl, daß Sie ihm zuhören.
Bei einer großen Zahl von Zuhörern empfiehlt es sich, den Blick schweifen zu lassen. Obwohl Sie niemanden direkt ansehen, haben dann alle das Gefühl, beachtet zu werden. Und das wirkt sich positiv auf die Beziehungsebene aus.

Hilfen für besseren Blickkontakt

Wie können Sie sich dieses Sprechen mit Blickkontakt nun noch leichter machen?

Durch eine besondere Art der Vorbereitung.
Sehen Sie sich bitte das folgende Manuskriptblatt an.

Ratschläge für einen schlechten Redner
von Kurt Tucholsky

Fang nie mit dem Anfang an,
sondern immer drei Meilen vor dem Anfang!
Etwas so:

„Meine Damen und meine Herren!
Bevor ich zum Thema
des heutigen Abends komme,
lassen Sie mich Ihnen kurz ..."

Hier hast du schon so ziemlich alles,
was einen schönen Anfang ausmacht:

---

eine steife Anrede;
der Anfang vor dem Anfang;
die Ankündigung,
daß und was du zu sprechen beabsichtigst,
und das Wörtchen kurz.

So gewinnst du im Nu
die Herzen und die Ohren der Zuhörer,

---

denn das hat der Zuhörer gern:
daß er deine Rede
wie ein Schulpensum aufbekommt;

---

daß du mit dem drohst,
was du sagen wirst,
sagst
und schon gesagt hast,
immer schön umständlich.

Es ist so aufbereitet, daß Sie jedes Wort bequem aufnehmen und sprechen können. Das liegt z.B. an den kurzen, nur über die halbe Seite geschriebenen Zeilen. Die lassen sich natürlich viel besser merken als lange, durchgeschriebene Zeilen. Außerdem ist die Seite in viele Abschnitte aufgeteilt. Und die einzelnen Abschnitte sind durch Querstriche von einander getrennt. Dadurch finden Sie sehr viel leichter die Stelle wieder, an der Sie gerade sind.
Die Querstriche ersetzen sozusagen den Finger an der Zeile.
Und noch etwas. Das Wichtigste:
Jede Zeile ist ein Gedanke, ein Zusammenhang, der für sich allein stehen kann - also auch für sich allein gesprochen werden kann.
Sie können darum ganz locker Zeile für Zeile lesen - Blickkontakt aufnehmen - und sprechen, ohne befürchten zu müssen, daß eine Pause dort entsteht, wo keine hingehört.

Vorbereitung bringt Erfolg

In der Vorbereitung liegt also ein großer Prozentsatz des Erfolges.

Eine weitere Störung der Zuhörbereitschaft ist ein unfreundliches Gesicht.

Ein freundliches Gesicht schlägt man nicht*)

Das Gesicht wirkt besonders stark

Wohin sehen wir zuerst, wenn wir einen Menschen kennenlernen? Natürlich in die Augen, auf das Gesicht.
Die Empfindung, die wir dabei haben, verdichtet sich sofort zu einem Vor-Urteil.
Z.B.: „Der Mann hat eine Nase wie Onkel Fritz. Onkel Fritz trinkt. Also ist dieser Mann ein Trinker.

Und nach diesem „Vorurteil" urteilen wir dann und richten uns danach.

*) Chinesisches Sprichwort

Fest steht, daß auch der Gesichtsausdruck des Sprechers einen sehr großen Einfluß auf die Beziehungsebene (Gefühl) des oder der Hörer hat.

Dazu noch ein Beispiel:

Beispiel

Stellen Sie sich vor, Sie begrüßen hundert Personen. Zum Teil sind sie Ihnen bekannt, zum Teil unbekannt. Ungesehen nimmt eine Film- oder Videokamera diese hundert Begrüßungsvorgänge auf. Hinterher werten Sie die Filme bzw. Videoaufnahmen aus.
Sie werden dann feststellen, daß fast alle hundert Personen Ihren Gesichtsausdruck angenommen haben. Wenn Sie mit einem freundlichen, entspannten Gesicht auf einen Menschen zugehen und ihm die Hand geben, so macht dieser Mensch fast immer auch ein entspanntes, freundliches Gesicht.
Gehen Sie mit einem angespannten, ernsten Gesicht auf ihn zu, so macht auch er ein ernstes, angespanntes Gesicht.

Abhängigkeit zwischen Gesicht und Stimmung

Nun ist der Gesichtsausdruck eine Funktion der inneren Stimmung, d.h. es besteht eine gegenseitige Abhängigkeit zwischen Gesichtsausdruck und Stimmung.
Wenn die Stimmung wechselt, wechselt meistens auch der Gesichtsausdruck - und umgekehrt.
Wenn Sie also durch die Art Ihrer Begrüßung den Gesichtsausdruck eines Menschen beeinflussen, dann beeinflussen Sie gleichzeitig auch seine innere Stimmung.

Ähnlich verhält es sich auch beim Sprechen.
Wenn Sie in einem Gespräch, in einem Vortrag mit ernstem, angespanntem Gesicht sprechen, dann zeigen Sie meistens ein unfreundliches Gesicht; denn ein angespanntes Gesicht ist von einem unfreundlichen Gesicht fast nie zu unterscheiden.
Sie signalisieren Ihren Gesprächspartnern bzw. Hörern damit die ganze Zeit: „Unfreundlich - unfreundlich - unfreundlich" und beeinflussen dadurch deren Beziehungsebene Ihnen gegenüber negativ.

Je schwerer, desto freundlicher

Selbst ein wissenschaftlicher Vortrag - mit entspanntem, freundlichem Gesicht vorgetragen - wird besser verstanden, und es wird mehr vom Inhalt behalten, als wenn dieser Vortrag mit einem ernsten, feierlichen oder unfreundlich wirkenden Gesicht gesprochen wird.

Die meisten Menschen machen aber ein angespanntes und dadurch unfreundlich wirkendes Gesicht (Hemmungen!), wenn sie ein wichtiges Gespräch führen oder einen Vortrag halten.
Das schadet den zwischenmenschlichen Beziehungen (Beziehungsebene) und erschwert das Erreichen des Gesprächs- oder Vortragsziels.

Grundsätzlich sollten Sie anstreben, daß Ihr Gesicht nicht immer denselben Ausdruck hat, sondern daß sich in ihm etwas abspielt, daß Empfindungen gezeigt werden. Aber diese sollten im Schwerpunkt **freundlich** sein; denn der

Zuhörer hat ein Recht auf Ihre Freundlichkeit. Erst in zweiter Linie hat der Gesichtsausdruck mit dem Inhalt des Gesprochenen zu tun.

Lachen Sie sich an!

Eine alte Erfahrung lautet:
Wenn Sie sich selbst morgens nach dem Aufstehen vor dem Spiegel anlachen, dann wird der ganze Tag freundlicher.

In vielen Seminaren habe ich folgenden Versuch gemacht: Ich habe zweimal hintereinander einen kleinen Vortrag mit demselben Wortlaut gehalten - einmal mit angespanntem, „ernstem" Gesicht, einmal mit entspanntem „freundlichem" Gesicht. In jedem einzelnen dieser Seminare waren die Zuhörer einhellig der Meinung, mir bei meinem Vortrag mit freundlichem Gesicht wesentlich lieber zugehört zu haben. Sie meinten auch, außer dem Gesichtsausdruck noch andere positive Veränderungen bemerkt zu haben, z.B. mehr und ausdrucksvollere Gesten und einen sympathischeren Klang der Stimme.

Gesicht sympathisch - alles sympathisch

Das war ganz richtig beobachtet; denn wir wissen inzwischen, daß der Gesichtsausdruck die innere Stimmung beeinflußt. Wenn Sie Ihren Gesichtsausdruck in Richtung entspannt und freundlich verändern, dann verändern Sie auch Ihre innere Stimmung in Richtung entspannt und freundlich. Und das hat dann wiederum großen Einfluß auf Ihre gesamte Haltung, auf Ihre Gesten und Ihren Stimmklang und bringt folglich viele positive Punkte auf der Beziehungsebene.

Was wollen Sie mehr?

Wie Du stehst, so kommst Du an

Ein weiterer Ausdruck der Persönlichkeit ist die Körperhaltung und damit die Körpersprache.
Es gibt beim Sprechen so viele verschiedene Körperhaltungen, wie es Sprecher gibt. Und es gibt viele Seminare und Sprechlehrer, die versuchen, ihren Schülern ganz bestimmte Körperhaltungen aufzuzwingen, sie sozusagen zu dressieren.

„Dressierte Affen"

Das geht nicht gut. Das führt zu Verbiegungen der Persönlichkeit des betreffenden Menschen.
Auch hier gilt wieder der Maßstab:
Stört die Körperhaltung die Zuhörbereitschaft der Hörer oder nicht?
Deshalb mein Vorschlag:
Stellen oder setzen Sie sich beim Sprechen so hin, wie es Ihnen angenehm ist. Das ist für Ihre Partner meistens nicht störend.
Das gilt auch für die Haltung der Arme und der Hände.

Es gibt zwar ein paar Haltungen, die störend wirken könnten. Die sollten Sie vielleicht vermeiden.
Beachten Sie dazu folgende Punkte:

Haltungsvorschläge

- Gewöhnen Sie sich an, leicht gegrätscht zu stehen und beide Füße gleichmäßig zu belasten.

- Belasten Sie die Füße nicht abwechselnd; sonst wirken Sie wie ein „schwankendes Rohr".

- Bringen Sie die Füße nicht in Schrittstellung; sonst besteht die Gefahr, daß Sie vor- und zurückpendeln.

- Schlagen Sie nicht einen Fuß um die Wade des anderen Beines, oder stellen Sie den Fuß nicht seitwärts bzw. nach hinten auf die Fußspitze oder auf die Ferse, weil Sie so keinen festen Boden unter den Füßen haben. (Das geschieht oft hinter einem Pult.)

- Trippeln Sie nicht hin und her; das wirkt ängstlich.

- Gehen Sie nicht ziellos umher oder hin und her; das wirkt unruhig.
  Sie können ruhig gehen, wenn Ihnen das Stillstehen Schwierigkeiten macht. Aber Ihre Gänge müssen „gezielt" sein, d.h., der Zuhörer (Zuschauer) muß einen Sinn in Ihrem Gang entdecken:
  Wenn Sie z.B. nach rechts vorne gehen, dann sprechen Sie die rechts sitzenden Zuhörer an. Wenn Sie mehr nach links vorne gehen, sprechen Sie mehr die links sitzenden Zuhörer an. Damit erreichen Sie oft, daß gerade die nicht angesprochene Seite besonders gut zuhört.

Wenn Sie hinter einem Pult stehen, lassen Sie bitte nie die Arme hängen. Je nachdem, wo die Zuhörer (Zuschauer) sitzen, sehen sie Ihren Körper aus verschiedenen Perspektiven:
Sitzen sie weiter hinten, sehen sie mehr von Ihrem Oberkörper, sitzen sie weiter vorne, sehen sie weniger von ihm.

Das Pult durchschneidet

Immer aber durchschneidet das Pult Ihren Oberkörper im Auge des Zuschauers an irgendeiner Stelle. Und diese Stelle teilt das Verhältnis des sichtbaren Körpers zum Pult fast nie im goldenen Schnitt - also nie harmonisch. Alles aber, was nicht harmonisch ist, wirkt disharmonisch - auch Ihr abgeschnittener Körper.
Wenn Sie nun die Arme bzw. Hände auf das Pult legen, wird diese Teilung unterbrochen, weil sie zu einem großen Teil von den Armen verdeckt wird.

Selbstbewußtsein durch Haltung

Ihren Oberkörper sollten Sie möglichst gerade halten. Das signalisiert Selbstbewußtsein. Locker und entspannt - also nicht verkrampft - sollte Ihre ganze äußere Haltung sein; denn nur so können Sie die innere - durch das Lampenfieber hervorgerufene - Verkrampfung lockern und beseitigen. Atmen Sie immer wieder durch.
Die Bewegungen der Arme und Hände gehören auch zur Körperhaltung.

Ohne Hände geht es nicht

Dabei sind unsere Hände sehr wichtig. Man kann sehr viel Schönes und Nützliches mit ihnen machen. Keiner von uns möchte sie entbehren. Wenn wir aber vor eine Gruppe von Menschen gestellt werden, um zu ihnen zu reden, dann haben wir plötzlich mit unseren Händen große Schwierigkeiten. Wir wissen nicht, wohin damit.
Mal stecken wir sie in die Tasche, wenn wir welche haben, mal tun wir sie auf den Rücken, mal verschränken wir die Arme, statt sie z.B. einfach hängen zu lassen. So sind sie nämlich gewachsen.
Aber dazu haben wir oft nicht den Mut.

Wenn Sie Schwierigkeiten mit der Haltung der Hände beim Reden haben sollten, dann empfehle ich Ihnen folgendes:

Zettel in die Hand

Nehmen Sie einen Zettel in die Hand. Da braucht gar nichts draufzustehen. Sie glauben gar nicht, wie gut Sie sich daran festhalten können. Ihre Hand ist untergebracht. Wenn sie nicht da wäre, würde ja der Zettel herunterfallen. Und das

will niemand. Deshalb toleriert man ihn in der Hand. Die andere Hand können Sie dann leichter hängen lassen. Oder Sie stecken sie in die Tasche. Oder, wenn Sie ganz ängstlich sind, können Sie den Zettel auch ruhig mit beiden Händen anfassen.
Entscheidend ist auch hier wieder, ob Ihre Handhaltung für Ihre Partner unangenehm anzusehen ist oder nicht.
Sie wissen schon:
Wegen der Beziehungsebene.

Nun zur Gestik:

In vielen Büchern und Seminaren wird gelehrt, man möge möglichst eindrucksvolle Gesten machen.
Da gibt es Gesten der Zustimmung, der Ablehnung usw.
Ich halte gar nichts davon. Manche Menschen machen gar keine Gesten. Denen liegt das nicht. Sollen diese Menschen sich etwa dazu zwingen?

Keine Gesten stören nicht

Sollen sie sich Gesten andressieren? Keine Gesten stören nicht! Wenn jemand gut spricht und macht dabei keine Gesten, dann merken die Partner das gar nicht. Aber falsche Gesten, also solche, die angelernt sind und nicht von selber kommen, die können unangenehm anzusehen sein und die Zuhörbereitschaft stören.

Darum meine Empfehlung:
Vergessen Sie Gesten. Denken Sie überhaupt nicht daran. Die Gesten, die dann von selber kommen, die stimmen meistens. Sie entwickeln sich nämlich aus der eigenen Körperlichkeit und aus der eigenen geistigen Haltung. Einverstanden?

6. Präzise vorbereiten

Eigentlich müßten alle Kapitel diesen Titel tragen; denn ein sehr großer Teil dessen, was ich Ihnen hier vorgeschlagen habe und noch vorschlagen werde, ist ja weiter nichts als Vorbereitung auf den Sprechvorgang.

Was will ich erreichen?

Jedes Sprechvorhaben hat ein Ziel. Es wird ja für die Zuhörer (Zielpersonen) konzipiert und gesprochen. Der Sprecher will bei seinen Zuhörern etwas erreichen.

Hinter jeder Rede, jedem Vortrag steckt also eine Absicht.

Zielklarheit

Entscheidend wichtig ist, daß Sie sich vor jedem Gespräch ganz deutlich klar machen, was Sie in diesem Gespräch erreichen wollen.

Bei Vorträgen gibt es drei mögliche Ziele:

1. Informieren (Sachrede).
2. Beeinflussen (Motivationsrede).
3. Würdigen (Feierrede).

Informieren heißt:
Etwas, was geschehen ist oder geschehen soll, so vorzutragen, daß es im Gedächtnis der Hörer bleibt.

Beispiele:
- Der wissenschaftliche Vortrag.
- Die Schilderung eines Vorfalles.
- Die Erzählung.

Beeinflussen heißt:
Die Hörer bewegen, etwas zu tun oder zu denken.

Beispiele:
- Die politische Rede.
- Das Plädoyer des Staatsanwalts oder des Verteidigers im Strafprozeß.
- Die Motivationsrede.

Würdigen heißt:
Menschen oder Institutionen zu feiern.

Beispiele:
- Die Jubiläumsrede.
- Die Trauerrede.
- Die Geburtstagsrede. Usw.

Wie lange darf ich sprechen?

Neben den Zuhörern und dem Ziel der Rede ist für die Vorbereitung noch die Redezeit wichtig.
Wieviel Zeit haben Sie zur Verfügung, oder wieviel Zeit wollen Sie für den Vortrag aufwenden?
Dabei gilt eine wichtige Regel:
So wenig Zeit wie nur irgend möglich.

Mut zur Lücke

Das Zuhörvermögen und die Zuhörbereitschaft sehr vieler Menschen - also auch Ihrer Zuhörer - sind sehr begrenzt. Darum sprechen Sie nur das, was für die Zuhörer wirklich wichtig und nützlich ist. Das reicht fast immer, um Ihr Redeziel zu erreichen.
Bitte beachten Sie diese Anregung:
Wer ein Thema erschöpfend behandelt, der erschöpft meistens nur die Zuhörer.
Überlegen Sie bei der Vorbereitung eines Vortrages also immer:

1. Was will ich erreichen?
   Information? Worüber?
   Motivation (Beeinflussung)? Wozu?
   Würdigen? Wen? Und wer ist dabei?

2. Bei wem will ich es erreichen?
   Wer sind meine Zuhörer, meine Zielpersonen?
   Wen will ich also informieren oder beeinflussen oder würdigen?
3. Wieviel Zeit steht mir für den Vortrag zur Verfügung, oder wieviel Zeit will ich aufwenden?

„Rede" statt „Schreibe"

Spätestens jetzt erhebt sich die Frage:
Soll ich den Vortrag ausschreiben, oder soll ich nach Stichworten reden?

Vorteile

Der Vortrag nach einem ausgeschriebenen Manuskript hat natürlich einen großen Vorteil:
Sie können nicht steckenbleiben.

So aufgeregt ist eigentlich niemand, daß er nicht mit dem Finger auf der Zeile und der Nase auf dem Blatt Wort für Wort ablesen könnte. Es hört ihm dabei zwar niemand zu, aber Hauptsache ist, er bleibt nicht stecken!

Nachteile

Aber die Nachteile sind enorm:
Ein ausgeschriebenes Manuskript ist nun mal eine „Schreibe" und keine Rede. Und eine „Schreibe" hört sich ganz einfach unangenehm an. Man formuliert zu lange Sätze, zu viele Nebensätze, ganz andere Wortstellungen als in der Umgangssprache, viel mehr Wörter aus dem passiven Wortschatz - also Wörter, die wir zwar kennen, aber beim Sprechen kaum verwenden.

Hier ein Beispiel für oder gegen den passiven Wortschatz:
„Der Knabe schreitet in das Gehölz."
Das würde vermutlich niemand von Ihnen sagen.
Sie würden sagen:
„Der Junge geht in den Wald."
Aber Sie verstehen das auch. Sie würden es vielleicht sogar geschrieben akzeptieren; aber Sie würden es nie sprechen. Wenn Sie es hören müßten, würde es Sie stören. Und wenn Sie sich laufend ein so geschwollenes Deutsch anhören müßten, würde Ihre Zuhörbereitschaft stark abnehmen.

Es gibt allerdings Situationen, in denen Sie ein ausgeschriebenes Manuskript brauchen:

Manuskript - ja oder nein?

Dann nämlich, wenn Sie wenig von dem Thema verstehen, über das Sie sprechen wollen. Dann können Sie nicht nach Stichworten reden; dann brauchen Sie das ausgeschriebene Manuskript.

Sollte das notwendig sein, so können Sie sich die Sache erleichtern durch die Art, wie Sie das Manuskript vorbereiten. Denken Sie an das Manuskript auf Seite 65.

Eine gute Hilfe

Wenn Sie aus irgendwelchen Gründen das Manuskript nicht so formulieren können wie auf Seite 65 aufgezeigt, dann können Sie sich auch so helfen:

Sie lassen das Manuskript halbseitig schreiben (nach rechts oder links versetzt). Dann lesen Sie es sich laut vor und zeichnen überall dort, wo eine Pause gemacht werden könnte, einen Längsstrich (|).

Beim Vortrag | lesen Sie dann von Strich zu Strich, | nehmen Blickkontakt auf | und sprechen wieder.

Außerdem könnten Sie auf den freien Teil der Seite | Stichworte schreiben | und nach diesen Stichworten sprechen. Wenn Sie sich unsicher fühlen, | können Sie auf den ausgeschriebenen Text zurückgreifen.

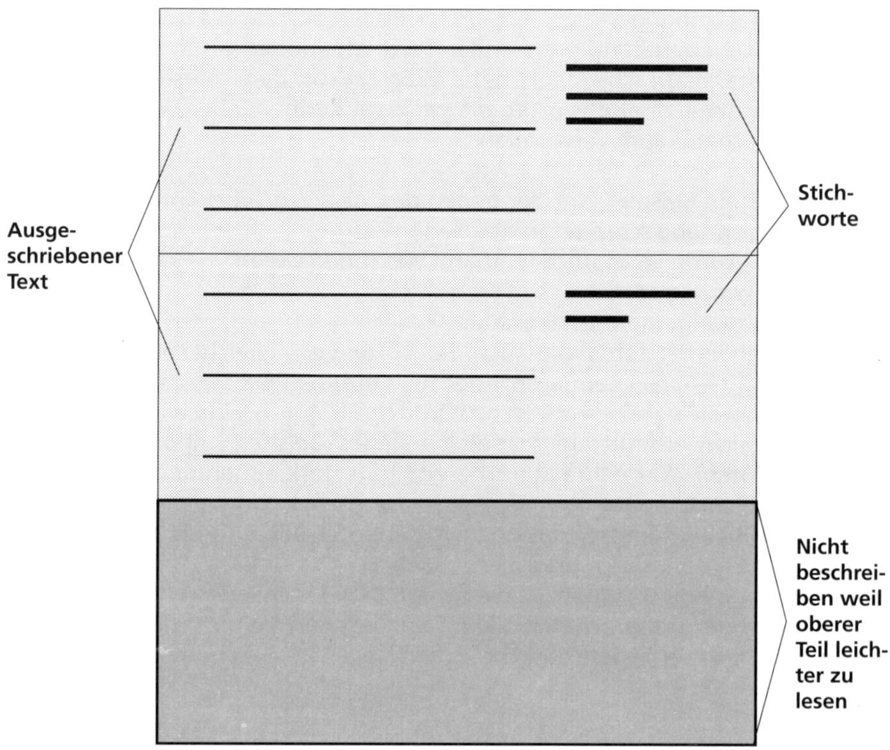

Auch einen „normal" geschriebenen Text | können Sie mit Strichen versehen, | um ihn besser vortragen zu können. Aber | das geht natürlich nicht so gut | wie beim halbseitig geschriebenen Text | mit großer Schrift.

Nach Stichworten reden

Am wirkungsvollsten ist es jedoch, wenn Sie nach Stichworten reden.
Dazu benutzen Sie Stichwortzettel. Das hat den großen Vorteil, daß Sie Ihr normales Deutsch reden und nicht Schriftdeutsch.
Allerdings müssen die Stichwortzettel übersichtlich sein. D.h. nur einseitig beschreiben und die Stichworte numerieren. (Bei jedem Zettel beginnen Sie die Stichwortnumerierung wieder mit 1.)
Stichwortzettel z.B. DIN A5

Aufbau der Rede

Die Einleitung

Der Schulaufsatz läßt grüßen!

Bitte lachen Sie nicht, wenn ich Sie jetzt an Ihre Schulzeit erinnere.

Jede Rede sollte man grundsätzlich in drei Teile zerlegen:
1. Einleitung.
2. Hauptteil.
3. Schluß.

Dafür gibt es gute Gründe:
In der Einleitung fällt häufig schon die Entscheidung darüber, ob man Ihnen zuhört oder nicht. Und diese Entscheidung der Zuhörer hängt allein vom Redner ab - also von Ihnen.

Die Erklärung ist einfach:
In der Einleitung sind Sie noch nicht an den Stoff - also an Ihr Thema - gebunden. In der Einleitung können Sie im Prinzip noch sagen, was Sie wollen. Diese Freiheit können und sollten Sie dazu benutzen, um Ihre Zuhörer für sich - also für Ihre Person und damit für Ihr Thema - zu gewinnen. („Der Sprecher ist die Botschaft.")

Den Hörer gewinnen

Wodurch können Sie das erreichen?

Durch zwei Aussagen:
1. Indem Sie sich vorstellen (falls Sie den Zuhörern nicht bekannt sind).
2. Indem Sie irgend etwas sagen, was die Zuhörer freut, was sie zu einer positiven Reaktion veranlaßt (human touch).

Zu Ihrer Vorstellung ist folgendes zu sagen:
Der Erfolg der Markenartikelwerbung beruht im wesentlichen darauf, daß die Hausfrau im Selbstbedienungsladen nach den Artikeln greift, die sie kennt. Es ist eine menschliche Eigenschaft, daß das Bekannte dem Unbekannten vorgezogen wird. Das Unbekannte erregt Mißtrauen:
„Das kenne ich nicht. Was steckt dahinter?"

Sie sind zu einer Party mit vielen anderen Personen eingeladen. Sie kennen niemanden und finden die Veranstaltung äußerst langweilig. Endlich kommt jemand, den Sie kennen, den Sie aber gar nicht leiden können. Trotzdem begrüßen Sie diesen Menschen wie einen guten Freund - aus Freude darüber, daß Sie endlich jemanden getroffen haben, den Sie kennen.
Also auch hier:
Das Bekannte wird dem Unbekannten vorgezogen.

Das Bekannte hat man lieber

So geht es auch Ihren Zuhörern, wenn Sie sich Ihnen vorstellen:
„Wer ist das? Aha!"
Oft ist mit der Vorstellung noch ein „Aha-Erlebnis" vieler Zuhörer verbunden. Sie haben es ungefähr gewußt, aber jetzt wissen sie es genau.

Noch wichtiger ist, daß Sie während der Einleitungsphase etwas sagen, was Ihre Zuhörer freut; sie positiv berührt. Natürlich darf das Gesagte nicht gequält oder gewollt klingen. Es muß deshalb gut überlegt werden; und es ist ein wichtiger Bestandteil Ihrer Vorbereitung.

- Was Sie sagen, hängt ab von Ihrer eigenen Persönlichkeit. Es muß zu Ihnen passen.
- Es hängt weiter ab von der Zusammensetzung Ihrer Zuhörer.
  Es muß ihnen gut gefallen, muß sie freuen.
- Es hängt ab vom Thema bzw. Ziel Ihrer Rede.
  Es muß diesem Ziel dienen - bzw. ihm nicht entgegenstehen.

Welche Möglichkeiten haben Sie also?

Bezug zum Thema

- Sie können einen Witz oder eine Anekdote erzählen.
  Sie müssen jedoch berücksichtigen, daß dieser Witz oder diese Anekdote einen Bezug zu Ihrem Redethema haben muß, damit sie zu Ihrem Thema hinführt. Wenn sie nämlich gar nichts mit Ihrem Thema zu tun hat, dann wird in den Zuhörern eine völlig falsche Erwartungshaltung aufgebaut. Das kann Mißbehagen hervorrufen.

- Sie können etwas Freundliches über die Stadt oder den Ort sagen, in der oder in dem Sie sprechen.
  Das hat natürlich nur Sinn, wenn:
  a) die Zuhörer in diesem Ort wohnen und
  b) das, was Sie sagen, auch stimmt.

- Sie können sich freuen, daß so viele Zuhörer gekommen sind oder auch darüber, daß Sie Gelegenheit haben, über dieses Thema zu sprechen.
  Aber das können Sie nur sagen, wenn Sie es begründen:
  „Ich freue mich sehr, daß so viele gekommen sind. Ich freue mich deshalb, weil ich dieses Thema für überaus wichtig halte und mir sehr viel daran liegt, es Ihnen nahezubringen."
  „Ich freue mich, daß ich heute die Möglichkeit habe, zu Ihnen über ein Thema zu sprechen, das mir sehr am Herzen liegt, und das für uns alle von großer Bedeutung werden könnte."

Begründung tut not

Eine Begründung für Ihre Freude ist also notwendig; sonst werden Ihre Worte zur Floskel.

Sie sollten sich bei diesem „human touch" nicht auf den Zufall verlassen, sondern - wie gesagt - ihn sorgfältig vorbereiten.

Manchmal kommt einem hierbei auch der Zufall zu Hilfe.

So mußte ich vor einigen Jahren die Jubiläumsrede beim fünfzigjährigen Jubiläum einer Maschinenfabrik halten. Siebenhundert Menschen waren anwesend. Zwölf Redner und ein Quartett kamen vor meiner Festrede an die Reihe. Als ich schließlich zum Rednerpult ging (nach zwei Stunden und zehn Minuten!), waren die Zuhörer - bestehend aus Mitarbeitern und Gästen der Firma - äußerst erschöpft und hungrig und wahrscheinlich nicht bereit, sich jetzt noch eine Festrede anzuhören.
Ich begann deshalb:
„Meine sehr verehrten Damen, meine Herren! Ein altes deutsches Sprichwort sagt: Den letzten beißen die Hunde. Gott sei Dank sind Sie keine, so daß ich solches von Ihnen nicht zu erwarten habe. Aber daß ich mich jetzt noch

zwischen Sie und das kalte Buffet dränge, das schmerzt mich tief."
Alle lachten, klatschten, waren bereit, mir zuzuhören.
Human touch!

Human touch

Auf solche Zufälle kann man sich natürlich nicht verlassen. Dieser Redebeginn hatte übrigens noch ein Nachspiel: Der Direktor des örtlichen Knabengymnasiums, der als Gast anwesend war, schrieb mir wörtlich: „... wie Sie angefangen haben, das war eines deutschen Professors unwürdig!"

Was gehört noch in die Einleitung einer Rede?

- Die Anrede
  Über sie würde ich mir an Ihrer Stelle nicht besonders den Kopf zerbrechen - es sei denn, es ist eine hochoffizielle Veranstaltung, und Sie haben die Aufgabe, die Gäste zu begrüßen. Für diesen Anlaß gibt es ganz bestimmte Regeln, die eingehalten werden müssen, wie: Bundestagsabgeordneter vor Landtagsabgeordnetem, Politiker vor Beamten begrüßen usw..

  Es gibt einige sehr gute Bücher über Protokollfragen. In denen können Sie Näheres nachlesen. Die normale Anrede heißt immer noch:
  „Meine Damen (wenn vorhanden) und Herren!"
  Dazu gibt es noch Variationen, wie:
  „Sehr verehrte Damen, sehr geehrte Herren!".
  Oder so ähnlich.
  Es werden immer wieder Versuche gemacht, von diesen Standardanreden wegzukommen.
  Aber nur wenige gelingen.
  Allzu sehr vom üblichen Schema abweichende Anreden stimmen nicht mit der Erwartungshaltung der Zuhörer überein und können stören.
  Deshalb empfehle ich Ihnen, es bei der konventionellen Anrede zu lassen und nur in Sonderfällen („Liebe Freunde") davon abzugehen.

  Standardanreden?

  Bei jüngeren Menschen - Studenten und Schülern - wird überhaupt nicht mehr angeredet. Die fangen im allgemeinen gleich mit dem Text ihres Vortrags oder Referats an.

- Die Angabe des Themas
  Es empfiehlt sich weiter, in der Einleitung Ihrer Rede anzugeben, über welches Thema Sie sprechen wollen und - bei Sachreden und Gesellschaftsreden - was Sie für ein Ziel haben.

  Bei meinungsbildenden Reden empfiehlt sich die Angabe Ihres Zieles nicht immer, weil sie vielleicht Ziele erreichen wollen, die Ihre Zuhörer ablehnen. Diese würden dann von vornherein abblocken, sich gestört fühlen, wenn Sie Ihr Ziel vorher nennen. Da ist es besser, Ihre Zuhörer bekennen sich nach Ihrer Rede freiwillig zu Ihren Zielen.

Der Sprecher ist die Botschaft

Bitte halten Sie sich immer vor Augen:
„Der Sprecher ist die Botschaft".
So, wie Sie bei Ihren Zuhörern ankommen, wie Sie es verstehen, die Beziehungsebene zwischen sich und Ihren Zuhörern positiv zu gestalten, so wird auch Ihre Botschaft, der Inhalt Ihrer Rede, Ihr Redeziel aufgenommen.
Um es noch einmal zu sagen:
In der Einleitung entscheidet es sich meistens, ob man bereit ist, Ihnen Aufmerksamkeit zu schenken oder nicht. Je positiver die Beziehungsebene, desto höher die Bereitschaft, Ihnen zuzuhören.

Der Hauptteil

Im Hauptteil der Rede kommen Sie nun zu Ihrem eigentlichen Thema.

Hier empfiehlt es sich, das zu tun, was ich über „Zuhörerfreundlich formulieren" geschrieben habe. (Seite 48 ff)

Eine erkennbare Gliederung

Sie sollten also den Hauptteil gliedern. Sprechen Sie diese Gliederung mit, am besten zweimal.
Vielleicht sagen Sie gleich am Anfang des Hauptteils:
„Ich habe vor, über folgendes zu sprechen:
1. Über den Umweltschutz.
2. Über unsere Grünanlagen.
3. Über die Naherholungsgebiete.
Ich komme jetzt zu Punkt 1 - dem Umweltschutz."

Es ist erwiesen, daß eine doppelt mitgesprochene Gliederung zum besseren Verständnis beiträgt.

Doppelt sprechen

Wie Sie das machen, hängt vom Thema ab. Es gibt meistens mehrere Möglichkeiten. Welche Sie wählen, ist nicht so wichtig wie die Tatsache, daß Sie überhaupt gliedern.

Oft ist es möglich, nach 1. Vergangenheit, 2. Gegenwart und 3. Zukunft zu gliedern. Sie schildern, wie es früher war; dann, wie es heute ist; und schließlich, wie es in Zukunft sein sollte.

Eine andere Möglichkeit ist, eine Gliederung nach der Systemanalyse vorzunehmen:

1. Bestandsaufnahme mit Prognosen erstellen. (Situations-Analyse)
2. Ziele, die Sie aus der Bestandsaufnahme entwickeln.
3. Maßnahmen, mit denen Sie diese Ziele zu erreichen gedenken.

Gliedern tut not!

Wie gesagt, wie Sie gliedern, ist nicht so wichtig; es muß aber natürlich dem Thema angepaßt sein. Notwendig ist jedoch, daß Sie überhaupt gliedern, und diese Gliederung den Zuhörern deutlich machen.

Hier im Hauptteil Ihrer Rede ist es besonders wichtig, daß Sie auch die anderen Regeln für zuhörerfreundliches Formulieren beachten und berücksichtigen.

Alle anderen Ratschläge, die ich durchaus noch geben könnte, sind problematisch; denn, ob Sie Gründe und Beweise, Beispiele, Vergleiche, Zeugenaussagen, Argumente usw. bringen, und welche Sie auswählen, hängt ausschließlich von Ihrem Thema und von Ihrem Redeziel ab. Und beides kenne ich nicht.

Der Schluß

Der Schluß Ihrer Rede ist mindestens so wichtig wie die Einleitung oder der Hauptteil.
Was Sie am Schluß sagen, bleibt am längsten haften. Ja, vielleicht wird von vielen Ihrer Zuhörer überhaupt nur der

Schluß behalten, weil sie während des Hauptteils geschlafen oder an etwas anderes gedacht haben.
Deswegen ist es wichtig, den Schluß ebenso sorgfältig vorzubereiten wie die Einleitung und den Hauptteil - vielleicht sogar noch sorgfältiger.

Sie haben hier - am Schluß - die Möglichkeit, noch einmal ein Miniaturmodell dessen zu zeigen bzw. zu sagen, was Sie eigentlich wollen - eine deutliche Zusammenfassung Ihres Redeziels.

Bei meinungsbildenden Reden oder Redeteilen schließt sich daran häufig ein Aufruf an, sich im Sinne Ihres Redeziels zu verhalten, z.B.:
Den vorgeschlagenen Kandidaten zu wählen, einen bestimmten Gegenstand zu kaufen, den Vorschlag anzunehmen oder abzulehnen usw.

Ein guter Schluß ziert alles

Ein guter Schluß kann eine mäßige Rede herausreißen. Ein schlechter Schluß kann eine gute Rede entwerten. Deswegen sollten Sie den Redeschluß wie einen Baustein vorbereiten, den Sie jederzeit als Schlußakkord einsetzen können. Es kommen ja durchaus Fälle vor, bei denen Sie gezwungen werden, früher zu enden:
Z.B., weil Ihre Vorredner die Redezeit überzogen haben, und nun das Essen schon auf dem Tisch steht; oder aus anderen Gründen.
Wenn Sie aber den Schluß sorgfältig vorbereitet haben, können Sie ihn auch dann bringen, wenn Sie noch mitten in Ihrer Rede stecken. Sie haben so trotzdem noch eine gute Abrundung und einen guten Abgang.

Es gibt Redner, die erreichen einen besonders wirkungsvollen Schluß durch eine Geschichte oder eine Anekdote, durch einen Vergleich oder irgendeine andere witzige Pointe.
Das ist gefährlich. Je besser die Schlußpointe ist, desto leichter wird sie von den Zuhörern behalten, und desto mehr lenkt sie vom eigentlichen Redeziel ab. Man könnte von einer Art „Vampireffekt" sprechen:
Die gute Anekdote oder Pointe saugt (wie ein Vampir) der Rede das Blut (Redeziel) aus.

Jetzt können Sie sich testen, ob Sie ohne Schwierigkeiten nach Stichworten reden können.

Stichworttest

Bitte bilden Sie aus den fünf Wörtern jeder der nachfolgenden Zeilen eine zusammenhängende Geschichte. Die Reihenfolge, in der Sie die Wörter verwenden, spielt dabei keine Rolle.

Übung

1. Skat - Margarine - Seminar - Kirchturm - Bett.
2. Schornsteinfeger - Katze - Produzent - Uhr - Zahnarzt.
3. Gartenzaun - Überzeugung - Pferdeapfel - Gericht - Streuselkuchen.
4. Meer - Elefant - Salatschüssel - Marktforscher - Oberförster.
5. Rechtsanwalt - Pferd - Regenwurm - Mathematik - Leidenschaft.

Ich mache es mit den Wörtern der ersten Zeile einmal vor: „Ich nahm an einem Seminar teil, das ziemlich langweilig war. Infolgedessen vertrieben sich die Teilnehmer die Zeit mit Skatspielen. In der Nähe des Gebäudes, in dem das Seminar stattfand, stand eine Kirche mit einem hohen Turm. Wenn ich nachts im Bett lag und schlafen wollte, störte mich das Schlagen der Uhr am Kirchturm. Die Verpflegung bei dieser Seminarveranstaltung war auf Gesundheit abgestellt. So gab es z.B. außer Butter auch Margarine als Brotaufstrich."

Sie sehen, es braucht keine hochgeistige Geschichte zu sein. Hauptsache ist, daß Sie die fünf Wörter jeweils in einen sinnvollen Zusammenhang bringen.

Bitte machen Sie jetzt die Übung und verwenden Sie auf jede Zeile nicht mehr als zwei - drei Minuten Zeit.

Sehen Sie, es ging recht gut. Sie hatten fast keine Schwierigkeiten. Das heißt, Sie können „sprechdenken" - also Ihre Gedanken während des Sprechens entwickeln. Und das ist die Voraussetzung für das Sprechen nach Stichworten.

Sprechdenken

Bitte überlegen Sie doch einmal:
Sie haben aus fünf völlig unzusammenhängenden Wörtern, die also gar nichts miteinander zu tun hatten, eine zusammenhängende Geschichte gemacht - und das gleich mehrere Male; dann können Sie doch erst recht aus fünf oder zehn oder fünfzehn oder zwanzig oder noch mehr Worten, die einem bestimmten Sachverhalt angehören, einem Thema, das Sie beherrschen, eine zusammenhängende Geschichte, also einen Vortrag, eine Rede machen.

Sollte die Übung beim einen oder anderen von Ihnen nicht so gut oder gar nicht geklappt haben - was sehr selten vorkommt - so ist das auch kein Unglück. Es gibt viele Menschen, die haben diese Fähigkeit zum „Sprechdenken" eben nicht oder nicht sehr ausgeprägt. Die brauchen dann immer ein ausgeschriebenes Manuskript und können - bei Beachtung der Regeln - doch ausgezeichnete Redner sein.

Aus dem Stegreif reden

Stegreifrede

Wie ist es nun mit der Stegreifrede?
Wenn Sie also sozusagen „aus dem hohlen Bauch" zu irgend etwas Stellung nehmen müssen?
Das passiert ja oft:
In der Familie, in der Firma, im Verein, am Telefon usw.
Wie können Sie in diesen Situationen möglichst schnell und möglichst genau Ihre Gedanken oder auch Ihre Gefühle ordnen und ausdrücken?

Dabei hilft Ihnen die sogenannte Standpunktformel.

Ich werde Ihnen ein Beispiel geben:
Die Familie unterhält sich darüber, wohin man dieses Jahr in Urlaub fahren soll.
Der Vater ist für die Ostsee und nimmt dafür wie folgt Stellung:
„Ich bin dafür, dieses Jahr mal an die See zu fahren; und zwar an die Ostsee. Warum? Weil das Ostseeklima gesund ist. Es ist ein leichtes Reizklima, was uns allen gut täte. Auch bei schlechtem Wetter könnten wir mit entsprechender Kleidung allerhand unternehmen. Wir könnten z.B. mal nach Vorpommern fahren. Auf die Insel Rügen. Die soll wirklich Spitze sein. Wir könnten uns auch die alte Hansestadt Lübeck ansehen und einen Trip nach Schweden machen. Na und jede Menge schwimmen - in der See oder im Wellenbad. Also, ich meine, das könnte wirklich Spaß machen. Deshalb überlegt mal, ob wir nicht dahin fahren sollen."

Also:
Mein **Standpunkt** oder meine **Meinung**: Ostsee.
Begründung: Gesund, vielseitig.
Beispiele: Besuch von Rügen, Lübeck, Schweden, Badefreuden.
Zusammenfassung: Das alles macht Spaß.
Aufruf: Also überlegt mal, ob wir es nicht machen sollen.

Sie sehen, durch diese fünf Punkte haben Sie immer gleich einen roten Faden, mit dem Sie Ihre Gedanken ordnen können.
Merken Sie sich also diese fünf Punkte. Es ist ganz einfach.

Diese Standpunktformel nützt Ihnen natürlich nichts, wenn Sie keinen Standpunkt haben.

Gliederung meinungsbildender Vortrag

Diese Formel eignet sich auch sehr gut für die Gliederung eines meinungsbildenden Vortrags.

Sie wollen z.B. Ihrem Sportverein eine Kegelabteilung angliedern und sprechen zu diesem Thema in der Mitgliederversammlung:
„Ich meine, eine Kegelabteilung wäre eine wirklich gute Sache.

Warum? Wir sind in allen unseren Abteilungen ziemlich stark auf Leistungssport ausgerichtet: Handball, Fußball, Leichtathletik.
Da würde so eine Kegelabteilung richtig entspannend wirken.
Wir könnten z.B. gemischte Kegelabende - also mit Frauen - machen. Wir könnten in eine Kasse spielen, und jede Gruppe könnte einzeln - oder alle könnten gemeinsam - schöne Reisen machen. Wir würden über die Kegelabteilung auch neue Mitglieder bekommen.
Ihr seht, liebe Freunde, es würde eine wirkliche Bereicherung sein, und ich schlage vor, darüber abzustimmen."

Also:
Standpunkt: Kegelabteilung.
Begründung: Entspannung, Geselligkeit.
Beispiele: Einbeziehen der Frauen, Ausflüge usw.
Zusammenfassung: Wirkliche Bereicherung.
Aufruf: Bitte abstimmen.
Geht gut, nicht wahr?

7. Risiken kalkulieren

Lampenfieber - die Angst des Redners vorm Reden

Haben Sie Schwierigkeiten, sich mit Ihrer Familie zu unterhalten oder mit Ihren Nachbarn - wenn Sie nicht gerade Streit haben? Oder mit Kolleginnen und Kollegen?
Nein, wahrscheinlich nicht.
Haben Sie Schwierigkeiten, zu sprechen, wenn Sie vor einer Gruppe stehen? Auf einem Podium?
Ja?

Warum haben Sie dann Schwierigkeiten?
Es sind doch genau dieselben Leute, mit denen Sie sonst auch sprechen. Alle Ihre Zuhörer sind Familienmitglieder, alle sind Nachbarn oder Kolleginnen und Kollegen; also genau dieselben Menschen, mit denen Sie einzeln ohne Probleme sprechen können.

Vor anderen zu sprechen, macht Angst

Warum haben Sie dann Probleme, vor der Gruppe zu sprechen und bei Einzelpersonen nicht?
Weil Sie Angst haben. Angst sich zu blamieren.

Ja, das ist es. Wenn wir vor mehreren Leuten sprechen, fühlen wir uns beobachtet und haben Angst, uns zu blamieren.
Wir wissen nämlich:
Unsere Zuhörer erwarten etwas von uns. Sie haben eine ganz bestimmte Erwartungshaltung. Und wir fürchten - haben Angst -, dieser Erwartungshaltung nicht zu entsprechen.
Nun hat uns die Natur etwas wirklich Gutes gegen die Angst in die Wiege gelegt:
Die Streßhormone nämlich.

Unsere Urahnen haben sehr gefährlich gelebt. Sie waren dauernd in Gefahr, von wilden Tieren angefallen zu werden oder von Angehörigen einer fremden Horde überfallen zu werden. Sie hatten also oft Angst.

Tritt nun solch ein Angstzustand auf, sendet das Gehirn Signale aus an verschiedene Drüsen.
Die Signale lauten: Streßhormone ausschütten!

Und das geschieht dann auch.

Streßhormone helfen

Diese Streßhormone bauen blitzschnell Fett und Zucker ab, um Energien freizusetzen.
Diese Energien brauchte der Urmensch, um der Gefahr zu entrinnen:
Entweder angreifen = Aggression, um den anderen eher totzuschlagen, bevor dieser ihn totschlagen konnte; oder weglaufen = Flucht, um so der Gefahr, also dem Grund für die Angst, zu entgehen.

Außerdem haben die Streßhormone noch eine andere wohltuende Wirkung:
Sie blockieren bestimmte Schaltungen im Gehirn.
Der betreffende Mensch - oder besser: der betroffene Mensch - kann kurzfristig nicht denken.
Das ist von der Natur so gewollt, damit der Mensch instinktiv handelt; denn Nachdenken kostet Zeit - die Zeit, die der Mensch braucht, um die Gefahr abzuwenden.

Was passiert also, wenn wir vor anderen sprechen müssen, ein schwieriges Gespräch führen, einen Vortrag halten müssen?
Ich habe es schon gesagt:
Wir haben Angst. Angst, uns zu blamieren. Angst, die Erwartung der anderen, mit oder zu denen wir sprechen, nicht zu erfüllen.
Und nun setzt der ganze Mechanismus wieder ein:
Angst ➤ Gehirnsignale an Drüsen ➤ Streßhormone ➤ Freisetzen von Energien.

Die Energie, um der Gefahr zu entgehen, haben wir nun. Aber es ist gesellschaftlich nicht legitimiert, die, zu denen wir sprechen sollen, totzuschlagen.
Es ist auch völlig unerwünscht, daß wir weglaufen und die Zuhörer stehen oder sitzen lassen.
Und die Denkblockade ist unserem Sprechvorhaben auch nicht gerade sehr förderlich.
Wir stehen also da - hilflos. In uns toben die freigesetzten Energien, die wir nicht verwenden dürfen. Einfallen tut uns auch nichts. Die Hände werden feucht. Schweiß steht auf der Stirn. Die Knie zittern, usw.
Diesen Zustand nennt man Lampenfieber.

Was können Sie nun erfolgreich gegen dieses Lampenfieber tun?
Zunächst einmal die beruhigende Erkenntnis:
Etwas Lampenfieber ist gut. Es zwingt Sie zu starker Konzentration, um es zu überwinden. Und diese Konzentration kommt dann dem ganzen Sprechvorhaben zugute. Sie sprechen mit etwas Lampenfieber einfach besser.

Lampenfieber ist nützlich

Aber wenn es so stark ist, daß Sie sich nicht konzentrieren können; wenn das eintritt, was ich gerade geschildert habe - Kniezittern, schwarz vor den Augen werden usw. - dann müssen Sie etwas dagegen unternehmen.
Und das ist gar nicht so schwer.

Risiken und Blamagen

Wir wissen ja:
Die Ursache des Lampenfiebers ist Angst, sich zu blamieren.
Da erhebt sich die Frage:
Wo und wie kann man sich denn eigentlich beim Sprechen blamieren?
Sie werden sehen:
Die Möglichkeiten zur Blamage sind durchaus überschaubar.
Hier sind sie:

Zunächst die Risiken - also die Blamagemöglichkeiten -, die schon lange vor dem Vortrag bekannt sind, die Sie also vermeiden können.
Denn wenn Sie vorher bekannt sind, dann können Sie auch vorher etwas dagegen unternehmen, d.h. Sie können dafür sorgen, daß der Risikofall - und damit die Blamage - gar nicht erst eintritt.

Ungenügende Vorbereitung

Das erste Risiko ist die **ungenügende Vorbereitung**.

Wodurch können Sie dieses Risiko vermeiden?
Durch Vorbereitung! Nur durch Vorbereitung!
Haben Sie sich nicht genügend vorbereitet, hilft Ihnen nichts gegen Ihre Angst.
Vorbereiten müssen Sie sich, sonst haben Sie Angst und Lampenfieber mit Recht.
Also bitte: Diesen Punkt können wir abhaken.

Falsche Vorbereitung

Die nächste Möglichkeit zur Angst vor der Blamage ist **falsche Vorbereitung**.

Sie wollen z.B. über ein bestimmtes Thema reden. Sie gehen davon aus, daß Ihre Zuhörer nichts oder nur wenig über das Thema wissen. Sie fangen also sozusagen bei Adam und Eva an.
In Wirklichkeit wissen Ihre Zuhörer aber schon viel über das Thema. Die kennen das alles schon, was Sie Ihnen erzählen. Das stört natürlich die Zuhörbereitschaft ungemein. Die Zuhörer schalten ab, und der Blamagefall ist da.
Oder umgekehrt: Ihre Zuhörer wissen so gut wie gar nichts über das Thema, das Sie in Ihrem Vortrag behandeln wollen. Aber Sie gehen davon aus, daß die Hörer schon viel davon wissen, also gut informiert sind. Sie setzen also in Ihrem

Vortrag große Vorkenntnisse voraus.
Jetzt stoßen Sie natürlich auf Unverständnis, d.h. Ihre Zuhörer verstehen Sie nicht.
Das stört die Zuhörbereitschaft ebenfalls. Es wird abgeschaltet und nicht mehr zugehört.

Was können Sie dagegen machen? Wie können Sie verhindern, daß Sie sich falsch vorbereiten?
Mein Rat:
Überlegen oder erkundigen Sie sich, wer denn Ihre Zuhörer sind. Wieviel sie schon wissen. Wie sie zu Ihrem Thema stehen. Wie sie zu Ihrer Person stehen. Wie Sie Ihr Redeziel bei diesen Zuhörern am besten erreichen können. Welche Argumente und Fakten für diese Zuhörer besonders wirkungsvoll sind.

Beispiele für falsche Vorbereitung

Ich kenne aus meiner Praxis schlimme Beispiele für eine falsche Vorbereitung:
Ich selber sollte z.B. vor Kunden einer Kleiderfabrik einen Vortrag über Einzelhandelswerbung halten (es waren Textileinzelhändler).
Durch einen Irrtum hatte ich mich darauf vorbereitet, vor leitenden Mitarbeitern der Kleiderfabrik über Mitarbeiterführung zu reden.
Das wollten die Einzelhändler gar nicht hören.
Das war für mich eine fürchterliche Situation. Aber ich war selber schuld. Ich hätte mich ja nur noch einmal genau erkundigen müssen: Wer sind denn meine Zuhörer?

Und noch ein anderes Beispiel:
Eine Freundin meiner Frau wollte bei einem Elternabend der Schule ihres Sohnes eine sehr begründete Beschwerde über den Biologielehrer loswerden.
Sie hielt eine in Form und Inhalt wirklich hörenswerte Rede. Anschließend sagte ihr der Schulleiter, daß der betreffende Lehrer in zwei Monaten vorzeitig in Pension gehen würde. Unangenehme Situation. Wäre nicht passiert, wenn sie vorher mal mit dem Schulleiter darüber telefoniert hätte.

Sie sehen:
Wenn Sie sich vorher genau erkundigen, können Sie dieses Risiko beruhigt abhaken.

Technische Mängel

Aber es gibt noch eine Situation, die Angst macht:

Das sind **technische Mängel**.

Der Teufel steckt im Detail.
Numerieren Sie z.B. immer die Seiten Ihres Vortragsmanuskripts bzw. Ihrer Stichwortzettel. Sie merken vielleicht nicht, wenn Sie Seiten vertauscht haben. Aber Ihre Zuhörer merken es!

Alle elektrischen und elektronischen Geräte wie:
Tageslichtprojektor, Diaprojektor, Videokamera und Videorecorder, Mikrophone usw. haben die Tendenz, zu versagen, wenn man sie braucht.
Wenn Sie also so einen Apparat bei Ihrem Vortrag brauchen, dann probieren Sie ihn vorher aus.

Diese drei Risiken, die einem Angst machen, können Sie also im Vorfeld beseitigen, während Sie Ihren Vortrag vorbereiten.
Sie heißen:
- Keine Vorbereitung.
- Falsche Vorbereitung.
- Technische Mängel.

Zwischenrufe der Zuhörer

Jetzt kommen wir zu den Risiken und zu den durch diese Risiken entstehenden Ängsten, die während des Vortrages - also beim Reden - auftreten können:

Da plagt als erstes viele die **Angst vor Zwischenrufen** oder **Zwischenfragen**.

Wie macht es der Berufsredner?
Er hört sofort auf zu reden, wenn ein Zwischenruf kommt, und hört ihn in Ruhe an.
Dann überlegt er:
Kann ich diesen Zwischenruf oder die Zwischenfrage kurz beantworten, d.h. in ein bis zwei Sätzen? Oder brauche ich mehr Zeit? Muß ich längere Ausführungen machen?
Wenn er kurz antworten kann, dann tut er es. Wenn die Antwort länger dauern würde, dann verschiebt er sie an den Schluß.
Er sagt:
„Vielen Dank für den Hinweis. Darf ich in der Diskussion darauf zurückkommen?"
Oder:
„Vielen Dank für die Frage. Könnten wir uns nachher darüber unterhalten?"
Oder:
„Bitte gedulden Sie sich noch etwas. Ich komme noch darauf zu sprechen."

Warum verschiebt der professionelle Redner die länger dauernde Antwort auf eine Zwischenbemerkung an den Schluß?
Er tut das, weil er sonst seinen roten Faden verlieren würde. Er hat sich ja ein Konzept gemacht, hat alle wichtigen Argumente und Fakten zum Erreichen seines Redezieles eingebaut. Nun paßt das, was er aufgrund der Zwischenbemerkung sagen müßte, nicht in sein Konzept.
Außerdem besteht die Gefahr, daß er seine Redezeit überschreitet, daß seine Zuhörer das gar nicht wissen wollen und abschalten.
Deswegen verschieben Sie also Ihre Antwort auf die Zwischenbemerkung.
Das fällt Ihnen ganz leicht, wenn Sie sich bei der Vorbereitung Ihres Vortrages die Frage stellen:

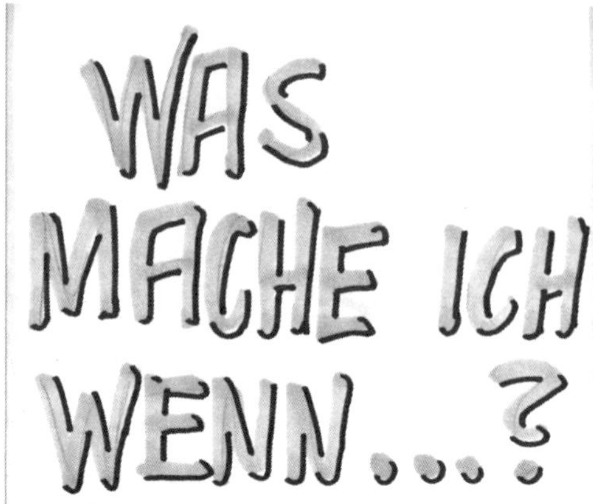

„Was mache ich, wenn ...?"
Wenn ein Zwischenruf kommt?
Wenn die Antwort kurz ist, können Sie antworten.
Wenn sie lang sein muß, dann verschieben Sie die Antwort.
Übrigens:
Auf unsachliche oder beleidigende Zwischenbemerkungen gehen Sie am besten gar nicht ein, sondern sprechen einfach weiter, als ob der Zwischenruf gar nicht gemacht worden wäre.
Also auch hier:
„Was mache ich, wenn ...?"
Wenn eine unsachliche Bemerkung gemacht wird?
Sprechen Sie einfach weiter. Wenn Sie sich gedanklich so vorbereitet haben, dann macht Ihnen die Störung auch gar nichts aus; denn Sie wissen ja nun, wenn die Störung passiert, wie Sie sich verhalten müssen.

Unruhe bei den Zuhörern

Was kann noch während des Vortrages passieren?

Die **Zuhörer** können **unruhig** werden.
Geschieht das, machen die meisten Redner den Fehler, daß sie lauter sprechen, um die Unruhe zu übertönen. Jetzt fühlen sich die Zuhörer in ihrer Unterhaltung gestört und werden auch lauter. Das bringt also nichts.

Was meistens - wenigstens vorübergehend - hilft, ist:
Leiser sprechen. Dann wird oft wieder zugehört, weil ja vielleicht doch etwas Wichtiges bei dem sein könnte, was Sie sagen. Und das möchte man sich nicht entgehen lassen. Aber es hilft meist nur vorübergehend; denn Ihre Zuhörer haben ja einen Grund für ihre Unruhe. Und den müssen Sie herausfinden.
Da hilft nur eines:
Fragen - aber dabei freundlich bleiben. Ja, fragen, meine Damen und Herren! Warum denn nicht?

Fragen Sie:
„Ich habe das Gefühl, Sie hören mir nicht mehr richtig zu. Darf ich fragen, woran das liegt?"
Dann hören Sie schon, was los ist.
Das Geheimnis ist:
Freundlich bleiben. Keine Wirkung zeigen. Nicht ärgerlich werden. Nicht ärgerlich wirken.

Also bei der Vorbereitung auf den Vortrag überlegen:
„Was mache ich, wenn ...?"
Wenn die Hörer unruhig sind? Leise sprechen. Wenn das nicht hilft: Fragen - aber freundlich bleiben.

Wenn diese Situation dann wirklich eintritt, ist der Streßhormonausstoß längst nicht so stark, weil Sie ja wissen, wie Sie sich in einem solchen Fall verhalten sollen.

Wenn Zuhörer den Raum verlassen

Was kann noch passieren?

Es können Zuhörer **aus dem Raum gehen**, während Sie sprechen.

Das braucht Sie überhaupt nicht zu stören. Entweder müssen sie mal, oder sie fühlen sich nicht wohl, oder sie müssen ein dringendes Telefonat führen usw.

Auf keinen Fall hat das etwas mit Ihnen oder Ihrem Vortrag zu tun. Sie können es sowieso nicht ändern.

Während der Vorbereitung stellen Sie sich also wieder die Frage:
„Was mache ich, wenn ...?"
Wenn während meines Vortrages Leute rausgehen?
Es hat überhaupt nichts mit mir zu tun. Es berührt mich überhaupt nicht. Wenn es dann wirklich eintreten sollte, dann stört es Sie nicht sehr.
Es kommen dadurch nicht mehr sehr viele Streßhormone, weil Sie ja wissen, wie Sie reagieren sollen.

Ein Redner redet und redet und redet. Während er redet, gehen nacheinander alle Hörer raus. Als er fertig ist, sitzt nur noch einer im Raum. Der Redner geht zu ihm hin und fragt: „Hat Sie meine Rede wirklich so interessiert, daß Sie bis zum Schluß geblieben sind?"
„Nein, hat mich überhaupt nicht interessiert. Aber ich bin der Hausmeister. Ich muß abschließen."
Nun, wir wollen hoffen, daß Ihnen das nicht passiert!

Steckenbleiben

Was kann noch während Ihres Vortrages geschehen?

Sie können **steckenbleiben**.

Davor hat man eigentlich die größte Angst.
Gehen wir davon aus, Sie haben sich wirklich gut vorbereitet und bleiben trotzdem stecken, d.h. Sie wissen nicht weiter, Sie haben einen „Blackout".
Dann kündigen Sie einfach eine Zusammenfassung an.
„Lassen Sie mich zwischendurch einmal zusammenfassen: ..."

Dann fassen Sie zusammen, was Sie bisher gesagt haben. Wenn Sie schon lange gesprochen haben, dann fassen Sie den letzten Abschnitt zusammen.
Meistens stellt sich dann der rote Faden wieder ein; bzw. Sie gewinnen Zeit, zu überlegen, wie es weitergeht.

Zum Schluß noch ein weiterer Tip zur Reduzierung des Lampenfiebers:
Wenn Sie nach Stichworten reden, dann schreiben Sie sich die ersten und die letzten drei bis vier Sätze voll aus (aber bitte keine „Schreibe", sondern eine „Rede").
Gerade am Anfang hat man oft die meiste Angst. Und ein guter Schluß ist auch nicht zu verachten.

8. Die goldenen Regeln der Redekunst

Das Sprechen ist wichtiger als das Gesprochene

Ich habe in den vergangenen Kapiteln versucht, Ihnen folgendes nahezubringen:
Sprechen ist immer für andere bestimmt.
Das Sprechen an sich ist keine Kunst, sondern die Kunst besteht darin, die Personen, mit oder zu denen wir sprechen, zum Zuhören zu bringen.

Dafür sorgt fast nie der Inhalt dessen, was Sie sagen - also der Inhalt des Gesprochenen - sondern die Art, wie Sie sprechen - also die Formulierung und die Darbietung.
Das Thema steht ja fest. Es ist von außen bestimmt:
Wie z.B. ein Referat in der Schule, die Begrüßung oder der Rechenschaftsbericht bei einer Vereinsversammlung, der Antrag in einer Gemeinderatssitzung oder in einer Bürgerversammlung, die Jubiläumsrede vor Mitarbeitern und Gästen.
Am Thema können Sie also nichts ändern. Aber die Art, die Form, wie Sie diesen Inhalt vortragen - also sprechen - die können Sie gestalten.

Formulierung bestimmt Wirkung

Durch diese - von Ihnen gestaltete - Form können Sie den Inhalt für die Hörer interessant machen.
Denken Sie doch mal an Ihre Schulzeit:
Von zwei Lehrern ist der eine ein wirklicher Könner. Er beherrscht seine Fächer aus dem ff. Er weiß einfach alles. Aber sein Unterricht ist so langweilig, so undynamisch, so einschläfernd, daß alle Schüler nach ein paar Minuten eindösen oder an etwas anderes denken.
Der andere Lehrer weiß viel weniger. Aber sein Unterricht ist so interessant, so dynamisch, so mitreißend, daß fast alle gebannt zuhören und vieles von dem „hängen bleibt", was er sagt.

Ich frage Sie jetzt auf Ehre und Gewissen:
Welcher von beiden Lehrern ist der bessere - vom Standpunkt des Schülers, also des Hörers aus gesehen - ?
Ja natürlich, der zweite.
Und warum?

Durch die Art, wie er das Wissen vermittelt, also durch die Form, die Formulierung, nicht durch den Inhalt selbst.

Nun erhebt sich folgende Frage:
Wie können Sie sich beim Sprechen so verhalten wie der zweite Lehrer?
Wie können Sie das, was Sie für sich als richtig erkannt haben, auch anwenden?
Wie können Sie Ihre bisherigen Gewohnheiten beim Sprechen ändern?

Sprechen kann man planen

Sprechen kann man planen

Das ist - wie so vieles im Leben - eine Angelegenheit der Planung.
Sie müssen die Verhaltensänderung beim Sprechen, die Sie erreichen wollen, systematisch angehen.
Hier habe ich die fünf Planungsschritte aufgeschrieben, die Ihnen helfen könnten, Ihr Verhalten beim Sprechen zu verändern:

Sprechplanung:
1. Bestandsaufnahme.
2. Schwachpunkte.
3. Ziele.
4. Reihenfolge.
5. Maßnahmen.

Der erste Planungsschritt ist:

Bestandsaufnahme

Die **Bestandsaufnahme** - also die Beschreibung des bestehenden, des augenblicklichen Zustandes.

Diese Bestandsaufnahme haben Sie alle wahrscheinlich schon gemacht, wenn Sie das Buch durchgearbeitet haben. Sie haben verglichen. Sie haben verglichen, wie Sie sprechen und wie es im Buch vorgeschlagen wurde.

Der zweite Planungsschritt ist:

Die **Schwachstellen herausfiltern.**

Schwachstellen

Hier in der zweiten Stufe schreiben Sie auf, welche Schwächen Sie beim Sprechen bei sich entdeckt haben.
Was Sie also gern verändern möchten.
Also z.B.:
Zu viele „Ähs", zu leise, zu schnell, schlechter Blickkontakt usw.

Jetzt kommt der dritte Schritt der Planung:

Ziele setzen.

Ziele setzen

Sie nehmen sich als Ziele vor, die Schwachpunkte, die Sie bei sich festgestellt haben, zu verbessern.
Also z.B.:
Pausen statt „Äh". (Sie erinnern sich: Das „Äh"-Sagen können Sie durch Pausen beim Sprechen beseitigen.) Lauter sprechen, Pausen machen, mehr Blickkontakt usw.

Der vierte Planungsschritt ist:

Die **Reihenfolge der Ziele festlegen.**

Reihenfolge festlegen

Dabei gibt es eine Faustregel:
Sie sollten immer nur ein Ziel anstreben, nicht mehrere gleichzeitig.
Und eine weitere Faustregel sagt:
Sie sollten mit dem Ziel anfangen, von dem Sie glauben, es am schnellsten erreichen zu können. Also mit dem Ziel, was Ihnen zu erreichen am leichtesten vorkommt.
In unserem Fall hier könnte die Reihenfolge so aussehen:

1. Lauter sprechen.
2. Pausen machen.
   Damit schlagen Sie zwei Fliegen mit einer Klappe:
   Keine „Ähs" mehr sagen und langsamer sprechen.
3. Besserer Blickkontakt.

Dann kommt der fünfte Planungsschritt:

Maßnahmen Die **Maßnahmen**, die Sie ergreifen, um die angestrebten Ziele zu erreichen;, wobei die Maßnahmen bei den verschiedenen Zielen fast identisch sind.

Nehmen wir 1. „Lauter sprechen" als Beispiel.

Erste Maßnahme:
Notizbuch
Sie schlagen jeden Abend vor dem Schlafengehen Ihr Notizbuch auf und tragen unter dem Datum des folgenden Tages ein:
„Ich spreche lauter."
Dann klappen Sie das Notizbuch zu und legen sich schlafen. Am nächsten Abend schlagen Sie das Notizbuch wieder auf und erschrecken:
„Ach ja, ich hatte mir vorgenommen, lauter zu sprechen. Aber ich habe den ganzen Tag über nicht daran gedacht, sondern so leise wie immer vor mich hingenuschelt."
Dann tragen Sie für den nächsten Tag wieder ein:
„Ich spreche lauter!"
Und das machen Sie jeden Abend so.

Ich erkläre Ihnen gleich, warum.

Die nächste Maßnahme:
Üben
Sie lesen sich jeden Tag ca. 5 Minuten aus einem Buch, einer Zeitschrift, einer Zeitung selbst vor - und zwar so laut, daß es Ihnen deutlich zu laut vorkommt. Wenn einem Leisesprecher sein eigenes Sprechen zu laut vorkommt, dann spricht er gerade richtig, gerade laut genug.
Also sich selbst jeden Tag fünf Minuten vorlesen.

Die nächste Maßnahme:
Zettel
Sie schneiden sich acht bis zehn Zettel im Format DIN A 7, DIN A 8.
Auf jeden Zettel schreiben Sie ein großes „V" = „Vorsatz". Einen Zettel stecken Sie in die Geldbörse, einen in die Handtasche, einen in die Jackentasche, einen an den

Badezimmerspiegel. Legen Sie einen auf den Nachttisch, einen aufs Armaturenbrett im Auto, einen auf den Schreibtisch usw., so daß Sie immer wieder auf einen Zettel mit dem „V“ = „Vorsatz“ stoßen:
„Was hatte ich mir vorgenommen?
Ach ja, „lauter sprechen“!“

Warum das alles?
Was ist denn eigentlich das Leisesprechen?
Es ist eine Gewohnheit. Wir haben es uns aus irgendwelchen Gründen angewöhnt - vielleicht, weil die Mutter immer gesagt hatte: „Sprich nicht so laut!“ - leise zu sprechen.

Was Du ändern willst, mach' zur Gewohnheit

Was sind Gewohnheiten? Gewohnheiten sind Programme im Unterbewußtsein.
Gewohnheiten sind Verhaltensweisen, die wir in bestimmten Situationen anwenden, ohne darüber nachdenken zu müssen.

Programm im Unterbewußtsein

Wir verhalten uns unbewußt so - vom Unterbewußtsein gesteuert.
Wir müssen also das Programm im Unterbewußtsein - welches heißt: „Leise sprechen“ - durch ein neues Programm ersetzen, welches heißt: „Lauter sprechen.“

Und wie machen wir das?
Wie schreiben wir Programme ins Unterbewußtsein? Durch dauerndes Bewußtmachen.
Durch dauerndes Drandenken. Immer wieder bewußt machen. Immer wieder daran denken. So lange, bis wir eines Tages nicht mehr daran zu denken brauchen. Bis das Lautersprechen als neues Programm im Unterbewußtsein ist, bis es automatisiert ist, bis es zur Gewohnheit geworden ist. Durch dieses neue Programm „Lauter sprechen“ ist gleichzeitig das alte Programm „Leise sprechen“ gelöscht.

Das funktioniert ähnlich wie bei einem Videorecorder: Wird das alte Programm überspielt, ist es gelöscht.
Bitte erinnern Sie sich doch mal an Ihre ersten Fahrstunden. Der Fahrlehrer sagte Ihnen:
„Lassen Sie den Motor an."
Streßhormone. „Was muß ich machen? Hier, den Schlüssel drehen. Nein, erst den Leerlauf einstellen. Wo ist er? Hier könnte er sein. Halt, der Wagen rollt. Was muß ich tun? Hier, die Handbremse. So, jetzt kann ich drehen. Oh, der Motor läuft. Was jetzt? Der erste Gang. Wo ist er? Krch. Nein, erst die Kupplung treten. Wo ist sie? Hier usw."

Wissen Sie noch, wie das so war in den ersten Fahrstunden? Am Abend vor der Fahrprüfung haben Sie im Bett gelegen und noch mal ganz genau überlegt, was alles so vorkommt beim Autofahren. Und auch noch lange nach der Fahrprüfung haben Sie genau überlegt.
Und wie ist das heute?
Heute brauchen Sie doch gar nicht mehr darüber nachzudenken, wie man Auto fährt. Das ist doch alles automatisiert. Das ist doch in Ihrem Unterbewußtsein programmiert und lenkt und leitet Sie von dort.

Aber wie ist es so weit gekommen? Durch dauerndes Drandenken, durch dauerndes Bewußtmachen. Immer wieder daran denken. Immer wieder bewußt machen, bis Sie eines Tages nicht mehr daran zu denken brauchen. Bis es zur Gewohnheit geworden ist.

Und genau so ist es beim Leisesprechen und allen anderen Verhaltensweisen, die Sie ändern wollen. Durch dauerndes Drandenken und den Willen, Ihr Verhalten zu ändern, wird es zur Gewohnheit.

Der Vorsatz als Formel

Noch ein paar Worte über die Vorsatzformel:
Vor ca. 120 Jahren lebte in der französischen Stadt Nancy ein Apotheker mit Namen Coué. Der wunderte sich immer wieder darüber, daß er dauernd Rezepte bekam, auf denen Medikamente standen, von denen er wußte, die können überhaupt nicht helfen.

Damals machten die Apotheker die Medikamente ja noch selbst nach dem Rezept des Arztes. Es gab eben noch keine Pharmaindustrie. Zum Beispiel: Zwei Teile Ziegelmehl vermischt mit drei Teilen Puderzucker usw.
Diese Mixtur konnte also gar nicht helfen. Aber die Leute wurden gesund.
Daraufhin überlegte Herr Coué sich folgendes:
„Da muß doch etwas anderes dahinter stecken: Die Kraft der Einbildung oder die Macht der Überzeugung. Das will ich doch mal ausprobieren."

Dann hat er sich wahrscheinlich einige Patienten ausgesucht - nicht gerade Leute mit Beinbrüchen - und hat zu ihnen gesagt:
„Ihr geht nach Hause und nehmt keine Medikamente. Aber Ihr sagt jeden Morgen, jeden Mittag und jeden Abend je 25-mal:
Ich fühle mich von Tag zu Tag und in jeder Beziehung immer besser und besser. Ich fühle mich von Tag zu Tag und in jeder Beziehung immer besser und besser."
Und die Patienten kamen wieder und fühlten sich gesund.
Herr Coué hat dann daraus ein Geschäft gemacht, und er ist in den zwanziger Jahren dieses Jahrhunderts hochbetagt und nicht unvermögend gestorben.

Dieses Ablaufschema - Bestandsaufnahme - Schwachstellen - Ziele - Reihenfolge - Maßnahmen - können Sie bei allen realistischen Verhaltensänderungen anwenden.

Nachfolgend habe ich diesen Lernprozeß durch Beeinflussung des Unterbewußtseins etwas systematischer beschrieben.

„Ich kann, was ich will"

1. Leitsatz:

Wenn ich etwas bei mir verändern will, dann muß ich genau wissen, was ich verändern will.
Diese gewünschte Veränderung muß ich als Ziel formulieren und das Erreichen dieses Zieles zum festen Vorsatz machen. (Zielklarheit)

2. Leitsatz:

Ich muß diesen Vorsatz zu meiner Gewohnheit machen - zur Gewohnheit, „es nicht mehr zu tun", wenn es eine Eigenschaft ist, die ich ablegen will - zur Gewohnheit, „es zu tun", wenn es eine Eigenschaft ist, die ich mir aneignen will.

3. Leitsatz:

Gewohnheiten sind Programme im Unterbewußtsein.
Ich programmiere mein Unterbewußtsein durch ständiges Bewußtmachen - also ständiges Denken an meinen Vorsatz.

4. Leitsatz:

Ich stelle mir dauernd vor, wie es sein wird, wenn die gewünschte Veränderung eingetreten ist, wenn ich also meinen Vorsatz erreicht habe.

5. Leitsatz:

Ich denke einfach so, als ob das, was ich will, schon eingetreten wäre.

6. Leitsatz:

Ich formuliere meinen Vorsatz positiv.
Also nicht:
„Ich höre nie mehr nicht zu",
sondern:
„Ich höre immer und überall zu."

7. Leitsatz:

Je häufiger ich an meinen Vorsatz denke, desto früher erreiche ich ihn, desto eher wird er zur Gewohnheit.
Damit ich möglichst häufig daran denke, schaffe ich mir Gedächtnishilfen.

8. Leitsatz:

Ich bitte Freunde, Angehörige, Mitarbeiter, mir zu sagen, wenn ich nicht nach meinen Vorsätzen handle. (Geht nicht bei allen Vorsätzen.)

9. Leitsatz:

Ich bilde mir meine eigenen Vorsatzformeln * und spreche sie morgens, mittags, abends mindestens 25-mal.
Z.B.: „Ich höre immer und überall zu."

10. Leitsatz:

Ich fasse immer nur einen Vorsatz.
Erst, wenn ich ihn erreicht habe, fasse ich den nächsten Vorsatz.

11. Leitsatz:

Ich beginne mit einfachen Vorsätzen, damit ich möglichst bald Erfolg habe.

12. Leitsatz:

Je mehr ich überzeugt bin, daß meine Ziele, meine Vorsätze erstrebenswert sind, und je mehr ich überzeugt bin, daß ich mich verändern werde, desto eher werde ich erreichen, was ich erreichen will.

Diese Leitsätze können Sie für alle realistischen Verhaltensziele einsetzen.

*) Vorsatzformeln spielen in der Psychotherapie und Psychiatrie eine große Rolle.

9. Auf einen Blick

Sie sprechen immer für andere.
Die Art, wie Sie sprechen, kann die Beziehungsebene sehr stark positiv oder negativ beeinflussen. Bei positiver Beziehungsebene haben Sie es viel leichter, sich auf der Sachebene - also mit dem, was Sie eigentlich wollen - durchzusetzen.
Sprechen Sie also so, daß die Zuhörbereitschaft Ihrer Zuhörer und Gesprächspartner erhalten bleibt.
Dabei hilft Ihnen vor allem das zuhörerfreundliche Formulieren.

Denken Sie daran, daß das Ultrakurzzeitgedächtnis Ihrer Zuhörer nur sehr gering belastungsfähig ist.
Machen Sie Pausen beim Sprechen, um es zu entlasten.

Merken Sie sich, daß die Standpunktformel Ihnen sehr hilfreich sein kann, wenn Sie sehr schnell irgendwo Ihre Meinung sagen müssen.

Beachten Sie, daß in der Vorbereitung der wahre Segen liegt:
Also nur halbe Zeilen und Striche an Stellen, an denen Sie Pausen machen können.

Und erinnern Sie sich bitte an die Rede, die mit Pausen und Blickkontakt so vorgetragen werden konnte, als ob nur nach Stichworten gesprochen wurde.
Sie war so formuliert, daß jede Zeile für sich allein gesprochen werden konnte, und alle Pausen richtig waren.

Lampenfieber werden und sollen Sie immer haben.
Aber wenn Sie meine Vorschläge beachten, die vermeidbaren Risiken vorher ausschalten und die unvorhersehbaren Risiken durch die Frage: „Was mache ich, wenn ..." entschärfen, dann wird es sich in tragbaren Grenzen halten.

Ein treffender Vergleich

Bitte stellen Sie sich vor, Sie sitzen in einem der besten Restaurants von Paris.
Sie haben ein Menü bestellt und vorher besprochen, wie Sie die Speisen zubereitet und das Fleisch gegrillt haben möchten. Auch Wein haben Sie bestellt - roten und weißen - zu den einzelnen Gängen passend.

Natürlich freuen Sie sich auf das gute Essen.
Da kommt ein Ober an Ihren Tisch und stellt eine große, zerbeulte Blechschüssel vor Sie hin.
Dann bringt er die Vorspeise und schüttet sie in die Schüssel. Danach die Suppe. Auch sie kippt er in die Schüssel. So macht er es auch mit dem Fischgang. Auch das Hauptgericht kommt in die Schüssel mit allen Beilagen und der Sauce. Käse und Süßspeisen erleiden das gleiche Schicksal - einschließlich der heißen Schokoladencreme. Auch den herrlichen Weißwein und den köstlichen Rotwein gießt der Ober in die Blechschüssel.
Danach rührt er alles kräftig um und wünscht Ihnen einen guten Appetit.

Essen Sie nun diesen unansehnlichen Brei?
Wahrscheinlich nicht. Warum eigentlich nicht?
Es ist doch dasselbe gute Essen, das Sie bestellt hatten. Das Fleisch „medium", wie Sie es gewünscht hatten; derselbe hervorragende Wein.
Nein Sie essen es nicht.

Die Gründe:
- Sie sind gewohnt, das Essen in einer bestimmten Reihenfolge zu sich zu nehmen - sozusagen übersichtlich, harmonisch abgestimmt.

- Und auch das Gefühl will zu seinem Recht kommen: Ein festlich gedeckter Tisch, entsprechendes Geschirr und Gläser, das Besteck passend.

Und so ist es auch beim Sprechen und Reden!
Wenn Sie das, was Sie anderen mitteilen wollen, wie „Kraut und Rüben" auf einen Haufen vor Ihren Zuhörern ausschütten, dann „essen" diese das nicht.
Das heißt: Sie hören nicht zu.
Denn auch sie wollen Ihre Rede übersichtlich und gut gegliedert hören. Auch sie wollen es angenehm und leicht haben, Ihnen zuzuhören.

Ich meine, dieser Vergleich trifft den Kern des Problems: Sprechen Sie übersichtlich, anregend und einfach. Vermeiden Sie Störungen der Zuhörer, und sprechen Sie so, daß man Sie gut verstehen kann.
Dann ist Ihnen die Sympathie Ihrer Zuhörer und Gesprächspartner sicher, und mancher, der Sie bewundert, sagt dann vielleicht:
„Reden müßte man können".

Stichwortverzeichnis

Literaturhinweise

Cicero, Marcus Tullius Orator
München, 1980

Scheerer, Harald
Wie Sie durch Ihr Sprechen gewinnen,
München, 1987

Schellbach, Oscar
Mein Erfolgssystem,
Freiburg, 1982

Vester, Frederic
Denken - Lernen - Vergessen,
Stuttgart, 1975

Bücher von Harald Scheerer:

Wie Sie mit sich selbst und anderen besser zurechtkommen,
München, 1982

Erfolgreich führen durch Überzeugen,
München, 1985 (Ullstein, 1991)

Wie Sie durch Ihr Sprechen gewinnen,
München, 1987

Gewinne mit Gleichmut, verliere mit Lächeln,
München, 1989 (Ullstein, 1993)

Den Kunden gewinnen,
München, 1990

Alle Titel sind im Wirtschaftsverlag Langen - Müller / Herbig erschienen.

GABAL Business-Bücher aus der Praxis für die Praxis

Neues Lernen

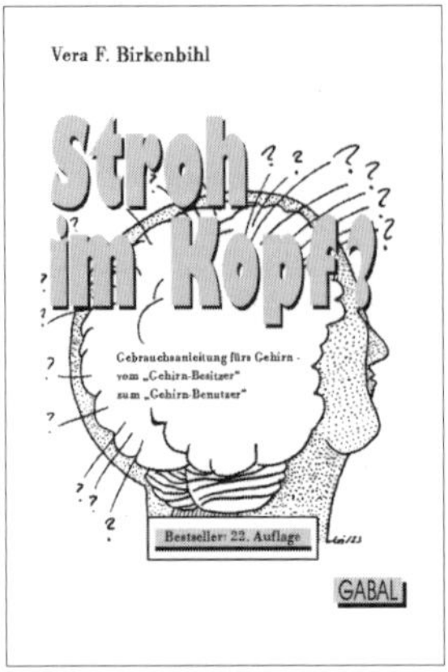

Vera F. Birkenbihl
Stroh im Kopf?
Gebrauchsanleitung fürs Gehirn - vom "Gehirn-Besitzer" zum "Gehirn-Benutzer"
180 Seiten, A5
viele Abbildungen
DM 29,80/öS 233/sFR 29,80
ISBN 3-923984-99-5

Bertold Ulsamer, Claus Blickhan
NLP für Einsteiger
Einstieg in das Neuro-Linguistische Programmieren
128 Seiten, A5
viele Abbildungen
DM 24,80/öS 194/sFR 24,80
ISBN 3-923984-47-2

Bertold Ulsamer
Exzellente Kommunikation mit NLP
Als Führungskraft den Draht zum anderen finden
152 Seiten, A5, viele Abb.
DM 29,80/öS 233/sFR 29,80
ISBN 3-923984-48-0

Vera F. Birkenbihl
Sprachen lernen leicht gemacht!
Die Birkenbihl-Methode: Vokabelpauken verboten, schnelles Anwenden, verblüffend einfach
176 Seiten, A5
viele Abbildungen
DM 29,80/öS 233/sFR 29,80
ISBN 3-923984-49-9

Barbara Meister Vitale
Lernen kann phantastisch sein
Kinderleicht, kindgerecht, kreativ
136 Seiten, 265 x 210 mm
viele Fotos und Abbildungen
DM 36,00/öS 281/sFR 36,00
ISBN 3-923984-18-9

Mogens Kirckhoff
Mind Mapping
Einführung in eine kreative Arbeitsmethode
126 Seiten, A4
4-farbige Abbildungen
DM 36,00/öS 281/sFR 36,00
ISBN 3-923984-80-4

Ingemar Svantesson
Mind Mapping und Gedächtnistraining
128 Seiten, A4
4-farbige Abbildungen
DM 36,00/öS 281/sFR 36,00
ISBN 3-923984-81-2

Persönlichkeits-entwicklung

Harald Scheerer
Reden müßte man können
Selbstbewuflt auftreten, Persönlichkeit einsetzen, Zuhörer begeistern
136 Seiten, A5
viele Abbildungen
DM 24,80/öS 194/sFR 24,80
ISBN 3-923984-38-3

Manfred Lucas
Hören - Hinhören - Zuhören
150 Seiten, A5
viele Abbildungen
DM 24,80/öS 194/sFR 24,80
ISBN 3-923984-98-7

Barbara Meister Vitale
Frei Fliegen
Mut zu mehr Phantasie, Intuition, Chaos
112 Seiten, A5
DM 24,80/öS 194/sFR 24,80
ISBN 3-923984-46-4

Für weitere Titel fordern Sie bitte unseren kostenlosen Gesamtkatalog an: GABAL VERLAG, Tel. 0 69/84 00 03-0 oder in Ihrer Buchhandlung.